"十四五"普通高等教育本科部委级规划教材

U0597441

产教融合教程

成本会计实训

张绪军◎编著

CHANJIAO RONGHE JIAOCHENG
CHENGBEN KUAIJI SHIXUN

"十四五"普通高等教育本科部委级规划教材

中国纺织出版社有限公司

内 容 提 要

　　本书分为单项实训和综合实训两大部分。单项实训旨在让学生掌握要素费用和综合费用的归集与分配的程序和方法，内容包括直接材料费用的归集与分配、职工薪酬费用的归集与分配、其他费用的归集与分配、辅助生产费用的归集与分配、制造费用的归集与分配、生产损失费用的归集与分配、生产费用在完工产品与在产品之间的归集与分配；综合实训旨在提升学生对成本计算和分析的实务应用能力，内容包括成本计算品种法、成本计算分批法、成本计算逐步结转分步法、成本计算平行结转分步法、成本计算分类法、作业成本法、标准成本法、成本报表的编制和分析。

　　本书可作为高等院校财务会计专业的教材，也可供对成本会计感兴趣的理论研究者和实务工作者参考阅读。

图书在版编目（CIP）数据

产教融合教程：成本会计实训 / 张绪军编著.
北京：中国纺织出版社有限公司，2025. 8. --（"十四五"普通高等教育本科部委级规划教材）. -- ISBN 978
-7-5229-2696-4

　Ⅰ. F234. 2
　中国国家版本馆 CIP 数据核字第 2025S9Y290 号

责任编辑：郭　沫　李春奕　　责任校对：高　涵
责任印制：王艳丽

中国纺织出版社有限公司出版发行
地址：北京市朝阳区百子湾东里 A407 号楼　邮政编码：100124
销售电话：010—67004422　传真：010—87155801
http://www.c-textilep.com
中国纺织出版社天猫旗舰店
官方微博 http://weibo.com/2119887771
北京通天印刷有限责任公司印刷　各地新华书店经销
2025 年 8 月第 1 版第 1 次印刷
开本：889×1194　1/16　印张：12.25
字数：178 千字　定价：58.00 元

江西服装学院
产教融合系列教材编写委员会

总 序
GENERAL PREFACE

当前，新时代浪潮席卷而来，产业转型升级与教育强国目标建设均对我国纺织服装行业人才培育提出了更高的要求。一方面，纺织服装行业正以"科技、时尚、绿色"理念为引领，向高质量发展不断迈进，产业发展处在变轨、转型的重要关口。另一方面，教育正在强化科技创新与新质生产力培育，大力推进"产教融合、科教融汇"，加速教育数字化转型。中共中央、国务院印发的《教育强国建设规划纲要（2024—2035年）》明确提出，要"塑造多元办学、产教融合新形态"，以教育链、产业链、创新链的有机衔接，推动人才供给与产业需求实现精准匹配。面对这样的形势任务，我国纺织服装教育只有将行业的前沿技术、工艺标准与实践经验深度融入教育教学，才能培养出适应时代需求和行业发展的高素质人才。

高校教材在人才培养中发挥着基础性支撑作用，加强教材建设既是提升教育质量的内在要求，也是顺应当前产业发展形势、满足国家和社会对人才需求的战略选择。面对当前的产业发展形势以及教育发展要求，纺织服装教材建设需要紧跟产业技术迭代与前沿应用，将理论教学与工程实践、数字化趋势（如人工智能、智能制造等）进行深度融合，确保学生能及时掌握行业最新技术、工艺标准、市场供求等前沿发展动态。

江西服装学院编写的"产教融合教程"系列教材，基于企业设计、生产、管理、营销的实际案例，强调理论与实践的紧密结合，旨在帮助学生掌握扎实的理论基础，积累丰富的实践经验，形成理论联系实际的应用能力。教材所配套的数字教育资源库，包括了音视频、动画、教学课件、素材库和在线学习平台等，形式多样、内容丰富。并且，数字教育资源库通过多媒体、图表、案例等方式呈现，使学习内容更加直观、生动，有助于改进课程教学模式和学习方式，满足学生多样化的学习需求，提升教师的教学效果和学生的学习效率。

希望本系列教材能成为院校师生与行业、企业之间的桥梁，让更多青年学子在丰富的实践场景中锤炼好技能，并以创新、开放的思维和想象力描绘出自己的职业蓝图。未来，我国纺织服装行业教育需要以产教融合之力，培育更多的优质人才，继续为行业高质量发展谱写新的篇章！

纪晓峰

中国纺织服装教育学会会长

2024年12月

前 言

PREFACE

多年来，笔者一直承担"成本会计实训"课程的教学工作。在教学过程中，我和老师们一起探索如何优化教学过程要素、提高教学质量，在教学方法、教材建设、考核评价等方面做了许多尝试。我们曾选用多个版本的教材，感到会计实训教材对提升学生的实务应用能力起着至关重要的作用。我们认为，一本好的成本会计实训教材要在两个方面发挥作用：一方面，作为"成本会计学"配套教材，与理论教学同步实验，有利于学生掌握成本核算和成本分析理论和方法；另一方面，应有别于课后练习，依据真实的核算资料、原始凭证、会计账簿及报表实训资料，让学生身临其境，提升学生的实践能力。

近年来，随着国内外学术交流的增多和实证研究方法的运用，我国成本会计理论和实务有着长足发展。在参考有关成本会计实训书籍的基础上，结合成本会计学科的新成果、新发展，我们编写了《产教融合教程：成本会计实训》一书。本书旨在使读者在掌握成本会计学基本原理和方法的基础上，能够更深层次地进行理论与实践相结合的学习，从而拓宽视野，增强实践操作能力。

为便于教师教学和学生学习，本书内容分为单项实训和综合实训，单项实训旨在让学生掌握要素费用和综合费用的归集与分配的程序和方法，综合实训旨在提升学生对成本计算和分析的实务应用能力。在编写过程中，我们力求符合教学规律，满足教学需要，同时力求有一定创新，每一个实训项目按照实训目的、实训资料和实训要求来编排。本书可作为高等院校财会专业教学使用，对成本会计感兴趣的理论研究者和实务工作者也有一定的参考价值。

本书由张绪军编著，张可、赖勤励、宛燕、胡淑苹、刘英亮参编。本书的编写得到了江西服装学院教务处和商学院同仁的大力支持和帮助。在编写过程中，我们参考了许多前辈和同仁的研究成果，在此向他们表示诚挚的谢意。尽管我们已尽了最大努力，但由于水平所限，书中难免存在纰漏之处，敬请读者批评指正。

编著者

2025 年 3 月

教学内容及课时安排表

课程性质（课时）	章（课时）	教学内容
单项实训 （14 课时）	实训一 （2 课时）	直接材料费用的归集与分配
	实训二 （2 课时）	职工薪酬费用的归集与分配
	实训三 （2 课时）	其他要素费用的归集与分配
	实训四 （2 课时）	辅助生产费用的归集与分配
	实训五 （2 课时）	制造费用的归集与分配
	实训六 （2 课时）	生产损失的归集与分配
	实训七 （2 课时）	生产费用在完工产品与在产品之间的归集与分配
综合实训 （18 课时）	实训八 （2 课时）	成本计算品种法
	实训九 （2 课时）	成本计算分批法
	实训十 （2 课时）	成本计算逐步结转分步法
	实训十一 （2 课时）	成本计算平行结转分步法
	实训十二 （2 课时）	成本计算分类法
	实训十三 （2 课时）	作业成本法
	实训十四 （2 课时）	标准成本法
	实训十五 （4 课时）	成本报表的编制与分析

注 各院校可根据自身的教学特点和教学计划对课程时数进行调整。

目　录
CONTENTS

第一篇
单项实训

实训一 直接材料费用的归集与分配

一 实训目的

掌握直接材料费用的归集与分配。

二 实训资料

ABC公司设有基本生产车间、运输车间和机修车间，基本生产车间生产甲、乙两种产品，生产形式为大量、大批生产。202×年12月直接材料费用相关资料如下：

（1）收料单（表1-1～表1-9）。

（2）领料单（表1-10～表1-22）。

三 实训要求

（1）根据收料单和领料单登记原材料明细账（表1-23～表1-26），发出材料采用全月一次加权平均法计价。

（2）根据领料单和原材料明细账编制材料耗用汇总表（表1-27）。

（3）根据材料耗用汇总表编制材料费用分配表（表1-28），并编制记账凭证（表1-29～表1-32），登记原材料明细账。

表1-1

ABC 公司
收料单
No. 198001

202×年12月1日

材料名称	计量单位	数量		实际成本		
		应收	实收	单价	金额	
A材料	千克	1000	1000	10	10000	记
C材料	颗	500	500	5	2500	账
D材料	千克	2000	2000	2	4000	联

质检人： 收料人： 制单人：

表1-2

ABC 公司
收料单   No. 198002

202×年12月5日

材料名称	计量单位	数量		实际成本	
		应收	实收	单价	金额
A 材料	千克	1000	1000	10	10000
B 材料	平方米	2000	2000	5	10000

质检人：   收料人：   制单人：

记账联

表1-3

ABC 公司
收料单   No. 198003

202×年12月7日

材料名称	计量单位	数量		实际成本	
		应收	实收	单价	金额
B 材料	平方米	1000	1000	5	5000
C 材料	颗	500	500	5	2500

质检人：   收料人：   制单人：

记账联

表1-4

ABC 公司
收料单   No. 198004

202×年12月11日

材料名称	计量单位	数量		实际成本	
		应收	实收	单价	金额
B 材料	平方米	1500	1500	5	7500
D 材料	千克	100	100	2	200

质检人：   收料人：   制单人：

记账联

表1-5

ABC 公司
收料单　　　　　　No.198005

202×年12月20日

材料名称	计量单位	数量		实际成本	
		应收	实收	单价	金额
B 材料	平方米	1000	1000	5	5000

记账联

质检人：　　　　　　　　　　收料人：　　　　　　　　　　制单人：

表1-6

ABC 公司
收料单　　　　　　No.198006

202×年12月21日

材料名称	计量单位	数量		实际成本	
		应收	实收	单价	金额
A 材料	千克	800	800	10	8000
D 材料	千克	400	400	2	800

记账联

质检人：　　　　　　　　　　收料人：　　　　　　　　　　制单人：

表1-7

ABC 公司
收料单　　　　　　No.198007

202×年12月25日

材料名称	计量单位	数量		实际成本	
		应收	实收	单价	金额
A 材料	千克	900	900	10	9000
B 材料	平方米	800	800	5	4000

记账联

质检人：　　　　　　　　　　收料人：　　　　　　　　　　制单人：

表1-8

ABC 公司
收料单　　　　　　　　　　　No.198008
202× 年 12 月 26 日

材料名称	计量单位	数量		实际成本	
		应收	实收	单价	金额
B 材料	平方米	800	800	5	4000
C 材料	颗	600	600	5	3000

记账联

质检人：　　　　　　　　　　　收料人：　　　　　　　　　　　制单人：

表1-9

ABC 公司
收料单　　　　　　　　　　　No.198009
202× 年 12 月 26 日

材料名称	计量单位	数量		实际成本	
		应收	实收	单价	金额
A 材料	千克	600	600	10	6000

记账联

质检人：　　　　　　　　　　　收料人：　　　　　　　　　　　制单人：

表1-10

ABC 公司
领料单　　　　　　　　　　　No.298001
领料部门：基本生产车间　　　　202× 年 12 月 1 日　　　　仓库：材料仓库

材料名称	计量单位	数量		用途
		请领	实领	
A 材料	千克	1000	1000	生产甲产品
D 材料	千克	1100	1100	一般耗用

记账联

仓库主管：　　　　　发料人：　　　　　领料部门主管：　　　　　领料人：

表1-11

ABC 公司

领料单

No. 298002

领料部门：机修车间　　　　202×年12月1日　　　　仓库：材料仓库

材料名称	计量单位	数量		用途	
		请领	实领		
C 材料	颗	500	500	维修设备	记账联

仓库主管：　　　　　发料人：　　　　　　领料部门主管：　　　　　领料人：

表1-12

ABC 公司

领料单

No. 298003

领料部门：基本生产车间　　　　202×年12月3日　　　　仓库：材料仓库

材料名称	计量单位	数量		用途	
		请领	实领		
A 材料	千克	400	400	生产乙产品	记账联

仓库主管：　　　　　发料人：　　　　　　领料部门主管：　　　　　领料人：

表1-13

ABC 公司

领料单

No. 298004

领料部门：运输车间　　　　202×年12月3日　　　　仓库：材料仓库

材料名称	计量单位	数量		用途	
		请领	实领		
D 材料	千克	400	400	运输产品	记账联

仓库主管：　　　　　发料人：　　　　　　领料部门主管：　　　　　领料人：

表1-14

ABC 公司
领料单　　　　　　　　　　　　　　　　　　　No. 298005

领料部门：基本生产车间　　　　202×年12月8日　　　　仓库：材料仓库

材料名称	计量单位	数量		用途
		请领	实领	
A 材料	千克	500	500	生产乙产品
B 材料	平方米	1200	1200	生产甲产品

记账联

仓库主管：　　　　　发料人：　　　　　领料部门主管：　　　　　领料人：

表1-15

ABC 公司
领料单　　　　　　　　　　　　　　　　　　　No. 298006

领料部门：基本生产车间　　　　202×年12月12日　　　　仓库：材料仓库

材料名称	计量单位	数量		用途
		请领	实领	
A 材料	千克	400	400	生产乙产品
B 材料	平方米	1300	1300	生产乙产品

记账联

仓库主管：　　　　　发料人：　　　　　领料部门主管：　　　　　领料人：

表1-16

ABC 公司
领料单　　　　　　　　　　　　　　　　　　　No. 298007

领料部门：基本生产车间　　　　202×年12月12日　　　　仓库：材料仓库

材料名称	计量单位	数量		用途
		请领	实领	
A 材料	千克	100	100	生产甲产品
B 材料	平方米	1200	1200	生产甲产品
C 材料	颗	500	500	一般耗用

记账联

仓库主管：　　　　　发料人：　　　　　领料部门主管：　　　　　领料人：

表1-17

ABC 公司
领料单

No. 298008

领料部门：基本生产车间　　　　　　　　202×年12月21日　　　　　　　　仓库：材料仓库

材料名称	计量单位	数量		用途	
		请领	实领		
A 材料	千克	600	600	生产乙产品	记账联

仓库主管：　　　　　　发料人：　　　　　　　　领料部门主管：　　　　　　　　领料人：

表1-18

ABC 公司
领料单

No. 298009

领料部门：基本生产车间　　　　　　　　202×年12月24日　　　　　　　　仓库：材料仓库

材料名称	计量单位	数量		用途	
		请领	实领		
B 材料	平方米	900	900	生产甲产品	记账联

仓库主管：　　　　　　发料人：　　　　　　　　领料部门主管：　　　　　　　　领料人：

表1-19

ABC 公司
领料单

No. 298010

领料部门：基本生产车间　　　　　　　　202×年12月25日　　　　　　　　仓库：材料仓库

材料名称	计量单位	数量		用途	
		请领	实领		
A 材料	千克	1000	1000	生产甲产品	记账联

仓库主管：　　　　　　发料人：　　　　　　　　领料部门主管：　　　　　　　　领料人：

表1-20

ABC 公司
领料单

No. 298011

领料部门：基本生产车间　　　　　　　202×年12月27日　　　　　　　仓库：材料仓库

材料名称	计量单位	数量		用途	
		请领	实领		记
B 材料	平方米	1500	1500	生产乙产品	账
					联

仓库主管：　　　　　　　发料人：　　　　　　　领料部门主管：　　　　　　　领料人：

表1-21

ABC 公司
领料单

No. 298012

领料部门：运输车间　　　　　　　202×年12月29日　　　　　　　仓库：材料仓库

材料名称	计量单位	数量		用途	
		请领	实领		记
C 材料	颗	500	500	运输产品	账
					联

仓库主管：　　　　　　　发料人：　　　　　　　领料部门主管：　　　　　　　领料人：

表1-22

ABC 公司
领料单

No. 298013

领料部门：机修车间　　　　　　　202×年12月29日　　　　　　　仓库：材料仓库

材料名称	计量单位	数量		用途	
		请领	实领		记
D 材料	千克	1000	1000	维修设备	账
					联

仓库主管：　　　　　　　发料人：　　　　　　　领料部门主管：　　　　　　　领料人：

表1-23

原材料明细账

名称：A材料 计量单位：千克

202×年		凭证		摘要	收入											发出											结存										
月	日	种类	号数		数量	单价	千	百	十	万	千	百	十	元	角	分	数量	单价	千	百	十	万	千	百	十	元	角	分	数量	单价	千	百	十	万	千	百	十	元	角	分
12	1			结存																									500	9.5				4	7	5	0	0	0	0

表1-24

原材料明细账

名称：B材料　　　　　　　　　　　　　　　　　　　　　　　　　　　　　　计量单位：平方米

202×年		凭证		摘要	收入		金额										发出		金额										结存		金额									
月	日	种类	号数		数量	单价	千	百	十	万	千	百	十	元	角	分	数量	单价	千	百	十	万	千	百	十	元	角	分	数量	单价	千	百	十	万	千	百	十	元	角	分
12	1			结存																									800	4			3	2	0	0	0	0	0	0

表1-25

原材料明细账

名称：C 材料　　　　　　　　　　　　　　　　　　　　　　　　计量单位：颗

202×年		凭证		摘要	收入		金额									发出		金额									结存		金额								
月	日	种类	号数		数量	单价	千	百	十	万	千	百	十	元	角	分	数量	单价	千	百	十	万	千	百	十	元	角	分	数量	单价	千	百	十	万	千	百	十	元	角	分
12	1			结存																									200	6					1	2	0	0	0	0

表1-26

原材料明细账

名称：D材料 计量单位：千克

凭证		摘要	收入		金额										发出		金额										结存		金额									
202×年			数量	单价	千	百	十	万	千	百	十	元	角	分	数量	单价	千	百	十	万	千	百	十	元	角	分	数量	单价	千	百	十	万	千	百	十	元	角	分
月	日	种类 号数																																				
12	1	结存																									1500	2	3	0	0		0			0	0	0

表1-27

材料耗用汇总表

202×年12月31日   单位：元

项目	产品耗用	车间一般耗用	机修车间耗用	运输车间耗用	合计
A材料					
B材料					
C材料					
D材料					
合计					

主管：   制单人：   复合人：

表1-28

材料费用分配表

202×年12月31日   单位：元

项目	A材料	B材料	合计
甲产品			
乙产品			
合计			

表1-29

记 账 凭 证

总号_____

年   月   日

分号_____

摘要	总账科目	明细科目	借方金额										贷方金额										记账符号
			千	百	十	万	千	百	十	元	角	分	千	百	十	万	千	百	十	元	角	分	

附凭证

张

会计主管：   记账：   稽核：   制单：

表1-30

记 账 凭 证

总号＿＿＿＿＿

年　　　月　　　日

分号＿＿＿＿＿

摘要	总账科目	明细科目	借方金额										贷方金额										记账符号	
			千	百	十	万	千	百	十	元	角	分	千	百	十	万	千	百	十	元	角	分		附凭证
																								张

会计主管：　　　　　记账：　　　　　　　　　　　　稽核：　　　　　　　　制单：

表1-31

记 账 凭 证

总号＿＿＿＿＿

年　　　月　　　日

分号＿＿＿＿＿

摘要	总账科目	明细科目	借方金额										贷方金额										记账符号	
			千	百	十	万	千	百	十	元	角	分	千	百	十	万	千	百	十	元	角	分		附凭证
																								张

会计主管：　　　　　记账：　　　　　　　　　　　　稽核：　　　　　　　　制单：

表1-32

记 账 凭 证

总号_____

分号_____

年　　月　　日

摘要	总账科目	明细科目	借方金额										贷方金额										记账符号	
			千	百	十	万	千	百	十	元	角	分	千	百	十	万	千	百	十	元	角	分		附凭证
																								张

会计主管：　　　　记账：　　　　　　　　　　稽核：　　　　　　　　制单：

实训二　职工薪酬费用的归集与分配

一　实训目的

掌握职工薪酬费用的归集与分配。

二　实训资料

ABC公司设有第一车间、第二车间、机修车间、采购部门、销售部门和行政部门，第一车间生产A、B两种产品，第二车间生产C产品。202×年12月职工薪酬费用相关资料如下：

（1）第一车间工资结算单（表2-1）。

（2）第二车间工资结算单（表2-2）。

（3）机修车间工资结算单（表2-3）。

（4）采购部门工资结算单（表2-4）。

（5）销售部门工资结算单（表2-5）。

（6）行政部门工资结算单（表2-6）。

（7）"五险一金"及有关经费提存表（表2-7）。

三　实训要求

（1）根据各车间和部门工资结算单编制工资结算汇总表（表2-8）。

（2）根据工资结算汇总表编制工资费用分配表（表2-9）。

（3）根据"五险一金"及有关经费提存表编制"五险一金"及有关经费分配表（表2-10），并编制"五险一金"及有关经费的记账凭证（表2-11、表2-12）。

表2-1

部门：第一车间

工资结算单
202×年12月

单位：元

姓名	基本工资	经常性奖金	午餐补贴	工龄津贴	中夜班补贴	加班加点工资	病假	事假	应付工资
			津贴和补贴				应扣工资		
潘婷婷	4500	630	300	750	180				6360
黄庆伟	4050	450	300	570	180	150		30	5670
王凯东	4800	660	300	780	180				6720
…	…								
生产工人工资合计	84900	11430	5400	13050	3240	1920	30	180	119730
邢雨倩	9300	1200	300	840	180				11820
刘成	8700	1050	300	810	180			180	10860
张伟	10800	1500	300	900	180				13680
…									
管理人员工资合计	28800	3750	900	2550	540			180	36360
总计	113700	15180	6300	15600	3780	1920	30	360	156090

姓名	养老保险金	住房公积金	医疗保险金	失业保险金	工会费	个人所得税	小计	实发工资	领款人签单
				代扣款项					
潘婷婷	484.8	424.2	121.2	60.6	31.8	18	1140.6	5219.4	
黄庆伟	460.8	403.2	115.2	57.6	28.35		1065.15	4604.85	
王凯东	513.6	449.4	128.4	64.2	33.6	36	1225.2	5494.8	
…									
生产工人工资合计	9408	8232	2352	1176	598.65	930	22696.65	97033.35	
邢雨倩	921.6	806.4	230.4	115.2	59.1	507	2639.7	9180.3	
刘成	844.8	739.2	211.2	105.6	54.3	411	2366.1	8493.9	
张伟	1070.4	936.6	267.6	133.8	68.4	777	3253.8	10426.2	
…									
管理人员工资合计	2836.8	2482.2	709.2	354.6	181.8	1695	8259.6	28100.4	
总计	12244.8	10714.2	3061.2	1530.6	780.45	2625	30956.25	125133.75	

部门主管：　　　　　工资核算人：　　　　　复核人：　　　　　编报日期：202×年12月

表2-2

部门：第二车间

工资结算单

202×年12月

单位：元

姓名	基本工资	经常性奖金	津贴和补贴			加班加点工资	应扣工资		应付工资
			午餐补贴	工龄津贴	中夜班补贴		病假	事假	
汪晓燕	4200	600	300	660	180	150			6090
杨晓平	5400	750	300	840	180	450	30	90	7800
俞刚	4800	660	300	780	180	300			7020
…									
生产工人工资合计	90000	12120	5700	13710	3420	2010	300	180	126480
刘晴	7800	1020	300	780	180				10080
张成文	9300	1230	300	870	180				11880
杨晓民	10500	1500	300	900	180				13380
管理人员工资合计	27600	3750	900	2550	540				35340
总计	117600	15870	6600	16260	3960	2010	300	180	161820

姓名	代扣款项						小计	实发工资	领款人签单
	养老保险金	住房公积金	医疗保险金	失业保险金	工会会费	个人所得税			
汪晓燕	463.2	405.3	115.8	57.9	30.45	4.5	1077.15	5012.85	
杨晓平	571.2	499.8	142.8	71.4	37.2	72	1394.4	6405.60	
俞刚	537.6	470.4	134.4	67.2	35.1	51	1295.7	5724.3	
…									
生产工人工资合计	9960	8715	2490	1245	632.4	892.5	23934.9	102545.1	
刘晴	782.4	684.6	195.6	97.8	50.4	333	2143.8	7936.2	
张成文	926.4	810.6	231.6	115.8	59.4	513	2656.8	9223.2	
杨晓民	1046.4	915.6	261.6	130.8	66.9	732	3153.3	10226.7	
管理人员工资合计	2755.2	2410.8	688.8	344.4	176.7	1578	7953.9	27386.1	
总计	12715.2	11125.8	3178.8	1589.4	809.1	2470.5	31888.8	129931.2	

部门主管：　　　　工资核算人：　　　　复核人：　　　　编报日期：202×年12月

表2-3

部门：机修车间

工资结算单

202×年12月

单位：元

姓名	基本工资	经常性奖金	津贴和补贴			加班加点工资	应扣工资		应付工资
			午餐补贴	工龄津贴	中夜班补贴		病假	事假	
于爱珍	6300	900	300	90	180	450			8220
彭雷	5400	750	300	840	180		150		7320
王静琼	3900	450	300	540	180	30			5400
……									
生产工人工资合计	46500	6240	3000	7050	1800	630	180	30	65010
杨静	7800	1020	300	780	180				10080
夏喜艳	9300	1230	300	870	180			150	11730
……									
管理人员工资合计	17100	2250	600	1650	360			150	21810
总计	63600	8490	3600	8700	2160	630	180	180	86820

姓名	代扣款项							实发工资	领款人签章
	养老保险金	住房公积金	医疗保险金	失业保险金	工会会费	个人所得税	小计		
于爱珍	662.4	579.6	165.6	82.8	42.9	183	1716.3	6503.7	
彭雷	561.6	491.4	140.4	70.2	36.6	66	1366.2	5953.8	
王静琼	460.8	403.2	115.2	57.6	27		1063.8	4336.2	
……									
生产工人工资合计	5174.4	4527.6	1293.6	646.8	325.05	412.5	12379.95	52630.05	
杨静	782.4	684.6	195.6	97.8	50.4	333	2143.8	7936.2	
夏喜艳	914.4	800.1	228.6	114.3	58.65	498	2614.05	9115.95	
……									
管理人员工资合计	1696.8	1484.7	424.2	212.1	109.05	831	4757.85	17052.15	
总计	6871.2	6012.3	1717.8	858.9	434.1	1243.5	7137.80	69682.20	

部门主管：　　　　　工资核算人：　　　　　复核人：　　　　　编报日期：202×年12月

表2-4

工资结算单

202×年12月

部门：采购部门　　　　　　　　　　　　　　　　　　　　　　　　　　　　　单位：元

姓名	基本工资	经常性奖金	津贴和补贴			加班加点工资	应扣工资		应付工资
			午餐补贴	工龄津贴	中夜班补贴		病假	事假	
王小林	6300	900	300	900	180	30			8610
杨帆	5400	750	300	840	180		30		7440
毛小明	6300	900	300	900	180	300			8880
…									
部门职员工资合计	22800	3210	1200	3420	720	330	30	60	31590
蒋芹	7800	1020	300	780	180				10080
管理人员工资合计	7800	1020	300	780	180	330			10080
总计	30600	4230	1500	4200	900	330	30	60	41670

姓名	代扣款项							实发工资	领款人签单
	养老保险金	住房公积金	医疗保险金	失业保险金	工会会费	个人所得税	小计		
王小林	664.8	581.7	166.2	83.05	43.05	186	1724.85	6885.15	
杨帆	571.2	499.8	142.8	71.4	37.2	72	1394.4	6045.6	
毛小明	686.4	600.6	171.6	85.8	44.4	213	1801.8	7078.2	
…									
部门职员工资合计	2431.2	2127.3	607.8	303.9	157.95	504	6132.15	25457.85	
蒋芹	782.4	684.6	195.6	97.8	50.4	333	2143.8	7936.2	
管理人员工资合计	782.4	684.6	195.6	97.8	50.4	333	2143.8	7936.2	
总计	3213.6	2811.9	803.4	401.7	208.35	837	8275.95	33394.05	

部门主管：　　　　　工资核算人：　　　　　复核人：　　　　　编报日期：202×年12月

表2-5

部门：销售部门

工资结算单

202×年12月

单位：元

姓名	基本工资	经常性奖金	津贴和补贴			加班加点工资	应扣工资		应付工资
			午餐补贴	工龄津贴	中夜班补贴		病假	事假	
王红	7500	900	300	540	180			240	9180
杨月明	5400	750	300	540	180				7170
王静	6000	780	300	780	180		30		8010
…									
部门职员工资合计	28200	3690	1500	3150	900	30	30	240	37200
徐俊军	10800	1350	300	870	180	150			13650
管理人员工资合计	10800	1350	300	870	180	150			13650
总计	39000	5040	1800	4020	1080	180	30	240	50850

姓名	代扣款项							实发工资	领款人签单
	养老保险金	住房公积金	医疗保险金	失业保险金	工会会费	个人所得税	小计		
王红	710.4	621.6	177.6	88.8	45.9	243	1887.3	7292.7	
杨月明	549.6	480.9	137.4	68.7	36	58.5	1331.1	5838.9	
王静	616.8	539.7	154.2	77.1	40.2	126	1554	6456	
…									
部门职员工资合计	2856	2499	714	357	186	469.5	7081.5	30118.5	
徐俊军	1068	934.5	267	133.5	68.25	772.5	3243.75	10406.25	
管理人员工资合计	1068	934.5	267	133.5	68.25	772.5	3243.75	10406.25	
总计	3924	3433.5	981	490.5	254.25	1242	10325.25	40524.75	

部门主管：

工资核算人：

复核人：

编报日期：202×年12月

表2-6

工资结算单

202×年12月

部门：行政部门

单位：元

姓名	基本工资	经常性奖金	津贴和补贴			加班加点工资	应扣工资		应付工资
			午餐补贴	工龄津贴	中夜班补贴		病假	事假	
毛月明	6300	900	300	900	180	150			8730
王晓玲	6300	900	300	900	180		30		8550
徐萍	10800	1350	300	870	180				13500
…									
部门职工工资合计	76800	10110	2700	7680	1620	1050	60	180	99720
黄林林	13500	1800	300	1050	180				16830
管理人员工资合计	13500	1800	300	1050	180				16830
总计	90300	11910	3000	8730	1800	1050	60	180	116550

姓名	代扣款项							实发工资	领款人签章
	养老保险金	住房公积金	医疗保险金	失业保险金	工会会费	个人所得税	小计		
毛月明	674.4	590.1	168.6	84.3	43.65	198	1759.05	6970.95	
王晓玲	660	577.5	165	82.5	42.75	180	1707.75	6842.25	
徐萍	1056	924	264	132	67.5	750	3193.5	10306.5	
…									
部门职工工资合计	8985.6	7862.4	2246.4	1123.2	498.6	4087.5	24803.7	74916.3	
黄林林	1322.4	1157.1	330.6	165.3	84.15	1249.5	4309.05	12520.95	
管理人员工资合计	1322.4	1157.1	330.6	165.3	84.15	1249.5	4309.05	12520.95	
总计	10308	9019.5	2577	1288.5	582.75	5337	29112.75	87437.25	

部门主管：　　　工资核算人：　　　复核人：　　　编报日期：202×年12月

表2-7

"五险一金"及有关经费提存表

202×年12月

单位：元

部门		养老保险	住房公积金	失业保险	医疗保险	生育保险	工伤保险	工会经费	合计
第一车间	生产工人	27139.2	8635.2	14803.2	2467.2	225.03	616.8	2506.2	56392.83
	管理人员	7801.2	2482.2	4255.2	709.2	57.6	177.3	727.2	16209.9
	小计	34940.4	10714.2	19058.4	3176.4	282.63	794.1	3233.4	72602.73
第二车间	生产工人	27390	8715	14940	2490	193.05	622.5	2529.6	56880.15
	管理人员	7576.8	2410.8	4132.8	688.8	48.9	172.2	706.8	15737.1
	小计	34966.8	11125.8	19072.8	3178.8	241.95	794.7	3236.4	72617.25
机修车间	生产工人	14229.6	4527.6	7761.6	1293.6	123.9	323.4	1300.2	29559.9
	管理人员	4666.2	1484.7	2545.2	424.2	48.9	106.05	436.2	9711.45
	小计	18895.8	6012.3	10306.8	1717.8	172.8	429.45	1736.4	39271.35
采购部门	采购人员	6685.8	2127.3	3646.8	607.8	77.25	151.95	631.8	13928.7
	管理人员	2151.6	684.6	1173.6	195.6	48.9	48.9	201.6	4504.8
	小计	8837.4	2811.9	4820.4	803.4	126.15	200.85	833.4	18433.5
销售部门	销售人员	7854	2499	4284	714	144.15	178.5	744	16417.65
	管理人员	2937	934.5	1602	267	0	66.75	273	6080.25
	小计	10791	3433.5	5886	981	144.15	245.25	1017	22497.9
行政部门	部门职员	24710.4	7862.4	13478.4	2246.4	165.9	561.6	1994.4	51019.5
	管理人员	3636.6	1157.1	1983.6	330.6	82.65	82.65	336.6	7609.8
	小计	28347	9019.5	15462	2577	248.55	644.25	2331	58629.3
合计		136778.4	43520.4	74606.4	12434.4	1216.23	3108.6	12387.6	284052.03

表2-8

工资结算汇总表

202×年12月

单位：元

部门人员类别		基本工资	经常性奖金	津贴和补贴			加班加点工资	应扣工资		
部门名称	人员类别			午餐补贴	工龄津贴	中夜班补贴		病假	事假	
第一车间	生产工人									
	管理人员									
第二车间	生产工人									
	管理人员									
机修车间	生产工人									
	管理人员									
采购部门	管理人员									
销售部门	管理人员									
行政部门	部门职员									
	管理人员									
合计										

部门人员类别		应付工资	代扣款项				实发工资
部门名称	人员类别		养老保险金	住房公积金	医疗保险金	失业保险金	工会会费	个人所得税	小计
第一车间	生产工人								
	管理人员								
第二车间	生产工人								
	管理人员								
机修车间	生产工人								
	管理人员								
采购部门	管理人员								
销售部门	管理人员								
行政部门	部门职员								
	管理人员								
合计									

表2-9

工资费用分配表

202×年12月 单位：元

应借账户			基本生产车间			机修车间	采购部门	销售部门	行政部门	合计
总账	二级账	明细账	生产工时	分配率	分配额					
基本生产成本	第一车间	A产品	2099							
		B产品	1892							
		小计								
	第二车间	C产品	4216							
辅助生产成本	机修车间									
制造费用	第一车间									
	第二车间									
	小计									
销售费用										
管理费用										
合计										

表2-10

"五险一金"及有关经费分配表

202×年12月 单位：元

应借账户			基本生产车间			机修车间	采购部门	销售部门	行政部门	合计
总账	二级账	明细账	生产工时	分配率	分配额					
基本生产车间	第一车间	A产品	2099							
		B产品	1892							
		小计								
	第二车间	C产品	4216							
辅助生产成本	机修车间									
制造费用	第一车间									
	第二车间									
	小计									
销售费用										
管理费用										
合计										

表2-11

记 账 凭 证

总号＿＿＿＿＿

年　　　月　　　日

分号＿＿＿＿＿

摘要	总账科目	明细科目	借方金额										贷方金额										记账符号	
			千	百	十	万	千	百	十	元	角	分	千	百	十	万	千	百	十	元	角	分		附
																								凭
																								证
																								张

会计主管：　　　　　记账：　　　　　　　　　　　　　　　稽核：　　　　　　　　　制单：

表2-12

记 账 凭 证

总号＿＿＿＿＿

年　　　月　　　日

分号＿＿＿＿＿

摘要	总账科目	明细科目	借方金额										贷方金额										记账符号	
			千	百	十	万	千	百	十	元	角	分	千	百	十	万	千	百	十	元	角	分		附
																								凭
																								证
																								张

会计主管：　　　　　记账：　　　　　　　　　　　　　　　稽核：　　　　　　　　　制单：

实训三　其他要素费用的归集与分配

一　实训目的

掌握固定资产折旧费用、动力费用及其他要素费用的归集与分配。

二　实训资料

ABC公司202×年12月相关固定资产折旧费用、动力费用及其他费用分配资料如下：

（1）202×年11月固定资产折旧计算表（表3-1）、新增固定资产卡片（表3-2~表3-5）、固定资产报废单（表3-6~表3-8）。

（2）外购电费发票（表3-9）及其转账支票存根（表3-10）、外购电力使用情况记录表（表3-11）。

（3）财产保险费发票及其转账支票存根（表3-12、表3-13）。

（4）报纸杂志费发票及其转账支票存根（表3-14、表3-15）。

三　实训要求

（1）根据202×年11月固定资产折旧计算表、新增固定资产卡、固定资产报废单编制202×年12月固定资产折旧计算表（表3-16）。

（2）根据固定资产折旧计算表编制固定资产折旧费用分配表（表3-17），并编制折旧费用分配的记账凭证（表3-18、表3-19）。

（3）根据外购电费发票及其转账支票存根、外购电力使用情况记录表，编制外购电力费用分配表（表3-20），并编制外购电力费用分配的记账凭证（表3-21、表3-22）。

（4）根据财产保险费发票、转账支票存根编制财产保险费用分配表（表3-23），财产保险费按各部门固定资产折旧费用比例分配，编制财产保险费用分配的记账凭证（表3-24）。

（5）根据报纸杂志费发票及其转账支票存根编制报纸杂志费用分配表（表3-25），报纸杂志费按部门平均分配，编制报纸杂志费用分配的记账凭证（表3-26）。

表3-1

固定资产折旧计算表

202×年11月 　　　　　　　　　　　　　　　　　单位：元

使用部门	上月折旧额	上月增加固定资产增加折旧额	上月减少固定资产减少折旧额	本月折旧额
生产车间	318000	29400	22500	324900
行政部门	36000	6000	4800	37200
销售部门	15000	3000		18000
经营性出租	9600		2100	7500
合计	378600	38400	29400	387600

表3-2

固定资产卡片

单位：元

卡片编号	2007023	日期	202×年11月1日	固定资产名称	设备A
规格型号	A-001	部门名称	生产车间		
增加方式	外购	存放地点	生产车间		
使用状况	在用	使用年限	5	开始使用日期	202×年11月1日
原值	117000	净残值率	3%	净残值	3510
折旧方法	直线法	月折旧额	1891.50	折旧费用类别	制造费用
维修情况	年	月	日	记录	

表3-3

固定资产卡片

单位：元

卡片编号	2007024	日期	202×年11月5日	固定资产名称	设备B
规格型号	B-001	部门名称	生产车间		
增加方式	外购	存放地点	生产车间		
使用状况	在用	使用年限	5	开始使用日期	202×年11月5日
原值	54000	净残值率	3%	净残值	1620
折旧方法	直线法	月折旧额	873	折旧费用类别	制造费用
维修情况	年	月	日	记录	

表3-4

固定资产卡片

单位：元

卡片编号	2007025	日期	202×年11月15日	固定资产名称	设备 C
规格型号	C-001	部门名称	办公室		
增加方式	外购	存放地点	办公室		
使用状况	在用	使用年限	5	开始使用日期	202×年11月15日
原值	1800	净残值率	3%	净残值	540
折旧方法	直线法	月折旧额	291	折旧费用类别	管理费用
维修情况	年	月	日	记录	

表3-5

固定资产卡片

单位：元

卡片编号	2007026	日期	202×年11月24日	固定资产名称	设备 D
规格型号	D-001	部门名称	生产车间		
增加方式	外购	存放地点	生产车间		
使用状况	在用	使用年限	5	开始使用日期	202×年11月24日
原值	120000	净残值率	3%	净残值	3600
折旧方法	直线法	月折旧额	1949.01	折旧费用类别	制造费用
维修情况	年	月	日	记录	

表3-6

固定资产报废单

单位：元

固定资产名称	设备E	预计使用年限	5	已使用年限	6
固定资产编号	2003033	原值	69000	折旧方法	直线法
使用部门	生产部门	月折旧额	1115.49	预计残值	2070
报废原因	超龄使用	技术部门意见	同意报废		
报废处理意见	清理	设备部门意见	同意报废		
领导意见	同意报废	报废日期	202×年11月6日		

经办部门：　　　　　　　　　　　　　　　　　　　　　　　经办人：

表3-7

固定资产报废单

单位：元

固定资产名称	设备F	预计使用年限	5	已使用年限	4
固定资产编号	2003093	原值	45000	折旧方法	直线法
使用部门	生产部门	月折旧额	727.50	预计残值	1350
报废原因	主机烧坏	技术部门意见	同意报废		
报废处理意见	清理	设备部门意见	同意报废		
领导意见	同意报废	报废日期	202×年11月8日		

经办部门：　　　　　　　　　　　　　　　　　　　　　　　经办人：

表3-8

固定资产报废单

单位：元

固定资产名称	设备G	预计使用年限	5	已使用年限	4
固定资产编号	2003082	原值	12000	折旧方法	直线法
使用部门	生产部门	月折旧额	194.01	预计残值	360
报废原因	无法修复	技术部门意见	同意报废		
报废处理意见	清理	设备部门意见	同意报废		
领导意见	同意报废	报废日期	202×年11月16日		

经办部门：　　　　　　　　　　　　　　　　　　　　　　　经办人：

表3-9

<u>××省增值税专用发票</u>

2103704451

发票联

No.401203108

开票日期：202×年11月29日

购货方	名称：ABC公司 纳税人识别号：××× 地址、电话：××× 开户行及账号：×××			密码区		××××××××××××		
货物或应税劳务名称		规格型号	单位	数量	单价	金额	税率	税额
电费			KWH	21750	0.8	17400.00	13%	2262.00
价税合计（大写）		⊗壹万玖仟陆佰陆拾贰元整					（小写）¥19662.00	
销货方	名称：××电力公司 纳税人识别号：××× 地址、电话：××× 开户行及账号：×××			备注				

表3-10

中国工商银行

转账支票存根

支票号码 003588

附加信息

出票日期 202×年11月29日

收 款 人：××电力公司

金　　额：¥19662.00

用途：电费

单位主管：　　　　　　　　　　会计：

表3-11

外购电力使用情况记录表

202×年12月

耗用部门	用电量（度）	生产耗用工时（小时）	电费总额（元）
生产用电	9000		
A产品		3000	
B产品		5000	
车间办公用电	4000		
销售部门用电	500		
行政部门	1000		
合计	14500	8000	17400

表3-12

××省增值税专用发票

2103703351   **发票联**   No.401203111

开票日期：202×年11月29日

购货方	名称：ABC公司 纳税人识别号：××× 地址、电话：××× 开户行及账号：×××		密码区		×××××××××××××		
货物或应税劳务名称	规格型号	单位	数量	单价	金额	税率	税额
保险费			21750	0.8	78336.60	6%	4700.20
价税合计（大写）	⊗ 捌万叁仟零叁拾陆元捌角整					（小写）¥83036.80	
销货方	名称：××保险公司 纳税人识别号：××× 地址、电话：××× 开户行及账号：×××		备注				

表3-13

中国工商银行
转账支票存根

支票号码 003589

附加信息

出票日期 202× 年 11 月 29 日

收 款 人： ×× 保险公司

金　　额：¥83036.80

用途：保险费

单位主管：　　　　　　　　　　　会计：

表3-14

××省增值税专用发票
发票联

2103483351　　　　　　　　　　　　　　　　　　　No.401109111

开票日期：202× 年 11 月 30 日

购货方	名称：ABC 公司 纳税人识别号：××× 地址、电话：××× 开户行及账号：×××			密码区		×××××××××××××		
货物或应税劳务名称		规格型号	单位	数量	单价	金额	税率	税额
报纸杂志费				21750	0.8	391.70	9%	35.25
价税合计（大写）		⊗ 肆佰贰拾陆元玖角伍分					（小写）¥426.95	
销货方	名称：×× 邮政公司 纳税人识别号：××× 地址、电话：××× 开户行及账号：×××			备注				

表3-15

中国工商银行
转账支票存根

支票号码 003590

附加信息

出票日期 202× 年 11 月 30 日

收 款 人：×× 邮政公司

金 额：¥426.95

用途：报纸杂志费

单位主管： 会计：

表3-16

固定资产折旧计算表

202× 年 12 月

单位：元

使用部门	上月折旧额	上月增加固定资产增加折旧额	上月减少固定资产减少折旧额	本月折旧额
生产车间				
行政部门				
销售部门				
经营性出租				
合计				

表3-17

固定资产折旧费用分配表

202×年12月   单位：元

应借账户	费用项目	生产车间	行政部门	销售部门	经营性出租	合计
制造费用						
管理费用						
销售费用						
其他业务成本						
合计						

表3-18

记 账 凭 证

                                                                        总号_____

                    年   月   日   分号_____

摘要	总账科目	明细科目	借方金额										贷方金额										记账符号
			千	百	十	万	千	百	十	元	角	分	千	百	十	万	千	百	十	元	角	分	

会计主管：   记账：   稽核：   制单：

表3-19

记 账 凭 证

                                                                        总号_____

                    年   月   日   分号_____

摘要	总账科目	明细科目	借方金额										贷方金额										记账符号
			千	百	十	万	千	百	十	元	角	分	千	百	十	万	千	百	十	元	角	分	

会计主管：   记账：   稽核：   制单：

表3-20

外购电力费用分配表

202×年12月

受益部门	用电量（度）	按用量分配电费（元）	实际耗用工时（小时）	按耗用工时分配电费（元）	合计
生产用电					
A产品					
B产品					
小计					
车间办公用电					
销售部门用电					
行政部门用电					
合计					

表3-21

记 账 凭 证

总号_____

年　　月　　日

分号_____

摘要	总账科目	明细科目	借方金额										贷方金额										记账符号
			千	百	十	万	千	百	十	元	角	分	千	百	十	万	千	百	十	元	角	分	

会计主管：　　　　记账：　　　　　　　　　　稽核：　　　　　　制单：

表3-22

记 账 凭 证

总号_____

年　　月　　日

分号_____

摘要	总账科目	明细科目	借方金额										贷方金额										记账符号
			千	百	十	万	千	百	十	元	角	分	千	百	十	万	千	百	十	元	角	分	

附凭证　张

会计主管：　　　　记账：　　　　　　　　　　稽核：　　　　　　制单：

表3-23

财产保险费用分配表

202×年12月　　　　　　　　　　　单位：元

应借账户	费用项目	固定资产折旧额	分配率	分配金额
制造费用	保险费			
销售费用	保险费			
管理费用	保险费			
合计				

表3-24

记 账 凭 证

总号_____

年　　月　　日

分号_____

摘要	总账科目	明细科目	借方金额										贷方金额										记账符号
			千	百	十	万	千	百	十	元	角	分	千	百	十	万	千	百	十	元	角	分	

附凭证　张

会计主管：　　　　记账：　　　　　　　　　　稽核：　　　　　　制单：

表3-25

报纸杂志费用分配表

202×年12月

单位：元

应借账户	费用项目	分配金额
制造费用	报纸杂志费	
销售费用	报纸杂志费	
管理费用	报纸杂志费	
合计		

表3-26

记 账 凭 证

总号＿＿＿＿

年　　　月　　　日

分号＿＿＿＿

摘要	总账科目	明细科目	借方金额										贷方金额										记账符号	
			千	百	十	万	千	百	十	元	角	分	千	百	十	万	千	百	十	元	角	分		附凭证
																								张

会计主管：　　　　　记账：　　　　　　　　　　　稽核：　　　　　　制单：

实训四　辅助生产费用的归集与分配

一　实训目的

掌握辅助生产费用的归集与分配。

二　实训资料

ABC公司202×年12月辅助生产费用分配相关资料如下：

（1）202×年12月供电车间辅助生产费用明细账（表4-1）。

（2）202×年12月供水车间辅助生产费用明细账（表4-2）。

（3）辅助生产车间供应产品及劳务数量表（表4-3）。

三　实训要求

（1）根据供电车间、供水车间辅助生产费用明细账以及辅助生产车间供应产品及劳务数量表采用直接分配法编制辅助生产费用分配表（表4-4），并根据辅助生产费用分配表编制记账凭证（表4-5～表4-8）。

（2）根据供电车间、供水车间辅助生产费用明细账以及辅助生产车间供应产品及劳务数量表采用交互分配法编制辅助生产费用分配表（表4-9），并根据辅助生产费用分配表编制记账凭证（表4-10～表4-13）。

（3）根据供电车间、供水车间辅助生产费用明细账以及辅助生产车间供应产品及劳务数量表采用代数分配法编制辅助生产费用分配表（表4-14），并根据辅助生产费用分配表编制记账凭证（表4-15～表4-18）。

（4）根据供电车间、供水车间辅助生产费用明细账以及辅助生产车间供应产品及劳务数量表采用计划成本分配法编制辅助生产费用分配表（表4-19），根据辅助生产费用分配表编制记账凭证（表4-20～表4-23）。

表4-1

车间：供电车间

辅助生产费用明细账

单位：元

202×年 月/日	摘要	直接材料	燃料及动力	直接人工	折旧费	保险费	修理费	其他	合计
12/31	原材料费用分配表	9 000.00							9 000.00
12/31	燃料费用分配表		14 000.00						14 000.00
12/31	待摊费用分配表					13 000.00			13 000.00
12/31	动力费用分配表		16 000.00						16 000.00
12/31	工资及福利费用分配表			91 200.00					91 200.00
12/31	折旧费用分配表				24 000.00				24 000.00
12/31	其他费用分配表						10 800.00	10 580.00	21 380.00
12/31	辅助生产成本分配表								
12/31	合计	9 000.00	30 000.00	91 200.00	24 000.00	13 000.00	10 800.00	10 580.00	188 580.00

表4-2

车间：供水车间

辅助生产费用明细账

单位：元

202×年 月/日	摘要	直接材料	燃料及动力	直接人工	折旧费	保险费	修理费	其他	合计
12/31	原材料费用分配表	13 000.00							13 000.00
12/31	燃料费用分配表		4 000.00						4 000.00
12/31	待摊费用分配表					1 200.00			1 200.00
12/31	动力费用分配表		8 000.00						8 000.00
12/31	工资及福利费用分配表			45 600.00					45 600.00
12/31	折旧费用分配表				4 000.00				4 000.00
12/31	其他费用分配表						3 200.00	3 340.00	6 540.00
12/31	辅助生产成本分配表								
12/31	合计	13 000.00	12 000.00	45 600.00	4 000.00	1 200.00	3 200.00	3 340.00	82 340.00

表4-3

辅助生产车间供应产品及劳务数量表

202×年12月

项　　目		供电数量（千瓦小时）	供水数量（立方米）
基本生产车间	产品生产耗用	206000	
	车间一般耗用	160000	410000
辅助生产车间	供电车间		200000
	供水车间	60000	
专设销售部门		10000	56000
企业管理部门		24000	160000
合计		460000	826000

表4-4

辅助生产费用分配表（直接分配法）

202×年12月　　　　　　　　　　　　　　　　单位：元

辅助生产车间名称			供电车间	供水车间	金额合计
待分配辅助生产费用					
辅助生产车间以外单位受益劳务量					
费用分配率（单位成本）					
基本生产车间	产品生产耗用	数量			
		金额			
	车间一般耗用	数量			
		金额			
专设销售部门		数量			
		金额			
企业管理部门		数量			
		金额			
分配金额合计					

表4-5

记 账 凭 证

总号_____

年　　月　　日

分号_____

摘要	总账科目	明细科目	借方金额										贷方金额										记账符号	
			千	百	十	万	千	百	十	元	角	分	千	百	十	万	千	百	十	元	角	分		附
																								凭
																								证
																								张

会计主管：　　　　　记账：　　　　　　　　　　　　稽核：　　　　　　　制单：

表4-6

记 账 凭 证

总号_____

年　　月　　日

分号_____

摘要	总账科目	明细科目	借方金额										贷方金额										记账符号	
			千	百	十	万	千	百	十	元	角	分	千	百	十	万	千	百	十	元	角	分		附
																								凭
																								证
																								张

会计主管：　　　　　记账：　　　　　　　　　　　　稽核：　　　　　　　制单：

表4-7

记 账 凭 证

总号_____

年　　月　　日

分号_____

摘要	总账科目	明细科目	借方金额										贷方金额										记账符号	
			千	百	十	万	千	百	十	元	角	分	千	百	十	万	千	百	十	元	角	分		附凭证
																								张

会计主管：　　　　　记账：　　　　　　　　　　　　　稽核：　　　　　　　　制单：

表4-8

记 账 凭 证

总号_____

年　　月　　日

分号_____

摘要	总账科目	明细科目	借方金额										贷方金额										记账符号	
			千	百	十	万	千	百	十	元	角	分	千	百	十	万	千	百	十	元	角	分		附凭证
																								张

会计主管：　　　　　记账：　　　　　　　　　　　　　稽核：　　　　　　　　制单：

表4-9

辅助生产费用分配表（交互分配法）

202×年12月　　　　　　　　　　　　　　　　　　单位：元

辅助生产车间名称			供电车间	供水车间	金额合计
待分配辅助生产费用					
供应劳务数量					
交互分配率					
辅助生产车间	供电车间	数量			
		金额			
	供水车间	数量			
		金额			
对外分配费用					
对外供应劳务数量					
对外分配率					
基本生产车间	产品生产耗用	数量			
		金额			
	车间一般耗用	数量			
		金额			
辅助生产车间	供电车间	数量			
		金额			
	供水车间	数量			
		金额			
专设销售部门		数量			
		金额			
企业管理部门		数量			
		金额			
分配金额合计					

表4-10

记 账 凭 证

总号_____

年　　月　　日

分号_____

摘要	总账科目	明细科目	借方金额										贷方金额										记账符号
			千	百	十	万	千	百	十	元	角	分	千	百	十	万	千	百	十	元	角	分	

附凭证　　　张

会计主管：　　　　记账：　　　　　　　　　　　稽核：　　　　　　制单：

表4-11

记 账 凭 证

总号_____

年　　月　　日

分号_____

摘要	总账科目	明细科目	借方金额										贷方金额										记账符号
			千	百	十	万	千	百	十	元	角	分	千	百	十	万	千	百	十	元	角	分	

附凭证　　　张

会计主管：　　　　记账：　　　　　　　　　　　稽核：　　　　　　制单：

表4-12

记 账 凭 证

总号_____

年　　月　　日

分号_____

摘要	总账科目	明细科目	借方金额										贷方金额										记账符号	
			千	百	十	万	千	百	十	元	角	分	千	百	十	万	千	百	十	元	角	分		附凭证
																								张

会计主管：　　　　　记账：　　　　　　　　　　　　　　　　稽核：　　　　　　　制单：

表4-13

记 账 凭 证

总号_____

年　　月　　日

分号_____

摘要	总账科目	明细科目	借方金额										贷方金额										记账符号	
			千	百	十	万	千	百	十	元	角	分	千	百	十	万	千	百	十	元	角	分		附凭证
																								张

会计主管：　　　　　记账：　　　　　　　　　　　　　　　　稽核：　　　　　　　制单：

表4-14

辅助生产费用分配表（代数分配法）

202×年12月　　　　　　　　　　　　　　　　　　　　单元：元

辅助生产车间名称			供电车间	供水车间	金额合计
待分配辅助生产费用					
供应劳务数量					
用代数算出的实际单位成本					
基本生产车间	产品生产耗用	数量			
		金额			
	车间一般耗用	数量			
		金额			
辅助生产车间	供电车间	数量			
		金额			
	供水车间	数量			
		金额			
专设销售部门		数量			
		金额			
企业管理部门		数量			
		金额			
分配金额合计					

表4-15

记 账 凭 证

总号_____

年　　月　　日

分号_____

摘要	总账科目	明细科目	借方金额									贷方金额									记账符号	
			千	百	十	万	千	百	十	元	角	分	千	百	十	万	千	百	十	元	角	分	

会计主管：　　　　　记账：　　　　　　　　　　　稽核：　　　　　　　制单：

附凭证　　张

表4-16

记 账 凭 证

总号＿＿＿＿＿

年　　月　　日

分号＿＿＿＿＿

摘要	总账科目	明细科目	借方金额										贷方金额										记账符号	
			千	百	十	万	千	百	十	元	角	分	千	百	十	万	千	百	十	元	角	分		附凭证
																								张

会计主管：　　　　　记账：　　　　　　　　　　　　　　稽核：　　　　　　　　　制单：

表4-17

记 账 凭 证

总号＿＿＿＿＿

年　　月　　日

分号＿＿＿＿＿

摘要	总账科目	明细科目	借方金额										贷方金额										记账符号	
			千	百	十	万	千	百	十	元	角	分	千	百	十	万	千	百	十	元	角	分		附凭证
																								张

会计主管：　　　　　记账：　　　　　　　　　　　　　　稽核：　　　　　　　　　制单：

表4-18

记 账 凭 证

总号＿＿＿＿

年　　月　　日

分号＿＿＿＿

摘要	总账科目	明细科目	借方金额										贷方金额										记账符号	
			千	百	十	万	千	百	十	元	角	分	千	百	十	万	千	百	十	元	角	分		附
																								凭
																								证
																								张

会计主管：　　　　记账：　　　　　　　　　　　　稽核：　　　　　　制单：

表4-19

辅助生产费用分配表（计划成本分配法）

202×年12月　　　　　　　　　　　　　单元：元

辅助生产车间名称			供电车间	供水车间	金额合计	成本差异分配	
						供电	供水
待分配辅助生产费用							
供应劳务数量							
计划单位成本			0.24	0.07			
基本生产车间	产品生产耗用	数量					
		金额					
	车间一般耗用	数量					
		金额					
辅助生产车间	供电车间	数量					
		金额					
	供水车间	数量					
		金额					
专设销售部门		数量					
		金额					
企业管理部门		数量					
		金额					
按计划成本分配金额合计							
辅助生产实际成本							
辅助生产成本差异							

表 4-20

记 账 凭 证

总号_____

年　　月　　日

分号_____

摘要	总账科目	明细科目	借方金额										贷方金额										记账符号	
			千	百	十	万	千	百	十	元	角	分	千	百	十	万	千	百	十	元	角	分		附凭证
																								张

会计主管:　　　　记账:　　　　　　　　　　　　　　　稽核:　　　　　　　制单:

表 4-21

记 账 凭 证

总号_____

年　　月　　日

分号_____

摘要	总账科目	明细科目	借方金额										贷方金额										记账符号	
			千	百	十	万	千	百	十	元	角	分	千	百	十	万	千	百	十	元	角	分		附凭证
																								张

会计主管:　　　　记账:　　　　　　　　　　　　　　　稽核:　　　　　　　制单:

表4-22

记 账 凭 证

总号_____

年　　月　　日

分号_____

摘要	总账科目	明细科目	借方金额										贷方金额										记账符号	
			千	百	十	万	千	百	十	元	角	分	千	百	十	万	千	百	十	元	角	分		附凭证
																								张

会计主管：　　　　　记账：　　　　　　　　　　　　　　　稽核：　　　　　　　　制单：

表4-23

记 账 凭 证

总号_____

年　　月　　日

分号_____

摘要	总账科目	明细科目	借方金额										贷方金额										记账符号	
			千	百	十	万	千	百	十	元	角	分	千	百	十	万	千	百	十	元	角	分		附凭证
																								张

会计主管：　　　　　记账：　　　　　　　　　　　　　　　稽核：　　　　　　　　制单：

实训五 制造费用的归集与分配

一 实训目的

掌握制造费用分配的生产工时比例法与年度计划分配率法。

二 实训资料

ABC公司设有两个基本生产车间，第一车间生产甲产品、乙产品与丙产品，第二车间生产A产品与B产品，第二车间全年制造费用预算额为400000元。202×年制造费用分配相关资料如下：

（1）制造费用汇总表（表5-1）。

（2）第一车间生产工时表（表5-2）。

（3）第二车间计划产量和工时定额表（表5-3）。

（4）第二车间实际产量表（表5-4）。

三 实训要求

（1）根据制造费用汇总表和生产工时表编制第一车间1月制造费用分配表（表5-5），并登记制造费用明细账（表5-6），编制记账凭证（表5-7）。第一车间2~12月制造费用分配表、制造费用明细账、记账凭证见表5-8~表5-40。

（2）根据第二车间计划产量和工时定额表、第二车间实际产量表，采用年度计划分配率法编制第二车间各月制造费用分配表，并登记制造费用明细账，编制记账凭证（表5-41~表5-43）。第二车间2~12月制造费用分配表、制造费用明细账、记账凭证见表5-44~表5-76。

（3）根据第二车间制造费用明细账，编制制造费用差异分配表（表5-77），并登记制造费用明细账，编制记账凭证（表5-78）。

表5-1

制造费用汇总表

单元：元

项目		机物消耗	保险费	职工薪酬	折旧费	水电费	修理费	合计
1月	第一车间	113000	6900	195600	8600	5200	3600	332900
	第二车间	126000	7100	27504	9000	6760	4240	180604
2月	第一车间	120000	5200	185000	8500	3360	2500	324560
	第二车间	130000	7230	250236	7000	2600	3780	400846
3月	第一车间	26500	6000	210000	9000	3200	2000	256700
	第二车间	126000	6500	190000	7450	3300	1000	334250
4月	第一车间	113900	4500	195600	4300	2560	3400	324260
	第二车间	125000	6920	231000	4500	3600	4200	375220
5月	第一车间	112000	5900	223600	3600	3300	2200	350600
	第二车间	125000	6520	194580	4920	2900	1800	335720
6月	第一车间	126000	4500	110000	5640	3350	3000	252490
	第二车间	130000	6520	246200	6000	2500	3220	394440
7月	第一车间	126200	6000	172880	6300	2300	1000	314680
	第二车间	20000	6200	159800	6590	3600	1400	197590
8月	第一车间	140000	7600	200000	7700	2600	4000	361900
	第二车间	120000	6550	250000	6200	2500	3960	389210
9月	第一车间	95000	6200	160000	9000	2200	1800	274200
	第二车间	100000	5000	143000	8920	3200	1700	261820
10月	第一车间	145000	2300	190000	7850	3000	2200	350350
	第二车间	114000	4200	258000	6500	1900	4100	388700
11月	第一车间	132000	5000	156000	6800	2000	3200	305000
	第二车间	11900	6200	260000	8000	2500	3500	292100
12月	第一车间	120000	4200	195000	7000	2900	3000	332100
	第二车间	145000	6000	210600	5700	2600	3600	373500

表5-2

第一车间生产工时表

单位：小时

月份	甲产品工时	乙产品工时	丙产品工时
1	2000	3200	3400
2	3200	1900	2850
3	1800	1560	3700
4	1500	2030	4150
5	1650	2650	5610
6	2600	1910	2900
7	1890	3300	4500
8	2780	3450	3300
9	3200	2060	4700
10	1730	2400	3190
11	3300	2400	2500
12	2000	1800	3000

表5-3

第二车间计划产量和工时定额表

项目	A产品	B产品
计划产量（件）	360000	280000
工时定额（小时）	2	3

表5-4

第二车间实际产量表

单位：件

月份	产品名称		
	A产品	B产品	合计
1	29000	23000	52000
2	30000	30000	60000
3	29500	19600	49100
4	19000	35000	54000
5	35000	34000	69000
6	45000	22000	67000
7	30000	37200	67200
8	33000	26000	59000
9	27000	10000	37000
10	20000	11000	31000
11	29500	20000	49500
12	26400	19000	45400
合计	353400	286800	640200

表 5-5

制造费用分配表

车间：第一车间

202×年1月

总账科目	明细科目	成本项目	分配标准（小时）	分配率（%）	分配额（元）
生产成本	基本生产成本	甲产品 制造费用			
		乙产品 制造费用			
		丙产品 制造费用			
合计					

表 5-6

制造费用明细账

车间：第一车间

单位：元

202×年		摘要	费用项目							合计
月	日		直接材料	燃料及动力	直接人工	折旧费	保险费	修理费	其他	
1	31	材料费用分配表								
1	31	长期待摊费用分配表								
1	31	职工薪酬分配表								
1	31	折旧费用分配表								
1	31	动力费用分配表								
1	31	辅助生产费用分配表								

表5-7

记 账 凭 证

年 月 日

总号_____

分号_____

摘要	总账科目	明细科目	借方金额										贷方金额										记账符号
			千	百	十	万	千	百	十	元	角	分	千	百	十	万	千	百	十	元	角	分	

会计主管: 记账: 稽核: 制单:

附凭证 张

表5-8

制造费用分配表

车间: 第一车间

202×年2月

总账科目	明细科目		成本项目	分配标准（小时）	分配率（%）	分配额（元）
生产成本	基本生产成本	甲产品	制造费用			
		乙产品	制造费用			
		丙产品	制造费用			
合计						

表 5-9

制造费用明细账

车间：第一车间

单位：元

202×年

月	日	摘要	费用项目						合计
			机物料消耗	保险费	职工薪酬	折旧费	水电费	修理费	
2	28	材料费用分配表							
2	28	长期待摊费用分配表							
2	28	职工薪酬分配表							
2	28	折旧费用分配表							
2	28	动力费用分配表							
2	28	辅助生产费用分配表							

表5-10

记 账 凭 证

总号_____

年　　月　　日

分号_____

摘要	总账科目	明细科目	借方金额										贷方金额										记账符号
			千	百	十	万	千	百	十	元	角	分	千	百	十	万	千	百	十	元	角	分	

附凭证　　张

会计主管：　　　　记账：　　　　　　　　　　稽核：　　　　　　　制单：

表5-11

制造费用分配表

车间：第一车间　　　　　　　　　　202×年3月

总账科目	明细科目		成本项目	分配标准（小时）	分配率（%）	分配额（元）
生产成本	基本生产成本	甲产品	制造费用			
		乙产品	制造费用			
		丙产品	制造费用			
合计						

表5-12

制造费用明细账

车间：第一车间

单位：元

202×年		摘要	费用项目											合计								
月	日		机物料消耗	保险费	职工薪酬	折旧费	水电费	修理费														
3	31	材料费用分配表																				
3	31	长期待摊费用分配表																				
3	31	职工薪酬分配表																				
3	31	折旧费用分配表																				
3	31	动力费用分配表																				
3	31	辅助生产费用分配表																				

表5-13

记 账 凭 证

年　　月　　日

总号_____

分号_____

摘要	总账科目	明细科目	借方金额										贷方金额										记账符号	
			千	百	十	万	千	百	十	元	角	分	千	百	十	万	千	百	十	元	角	分		附凭证
																								张

会计主管：　　　　记账：　　　　　　　　　　　　稽核：　　　　　　　制单：

表5-14

制造费用分配表

车间：第一车间　　　　　　　　　　　　202×年4月

总账科目	明细科目		成本项目	分配标准（小时）	分配率（％）	分配额（元）
生产成本	基本生产成本	甲产品	制造费用			
		乙产品	制造费用			
		丙产品	制造费用			
合计						

表5-15

制造费用明细账

车间：第一车间

单位：元

202×年		摘要	费用项目								合计	
月	日		机物料消耗	保险费	职工薪酬	折旧费	水电费	修理费				
			百十万千百十元角分	百十万千百十元角分	百十万千百十元角分	百十万千百十元角分	百十万千百十元角分	百十万千百十元角分			百十万千百十元角分	
4	30	材料费用分配表										
4	30	长期待摊费用分配表										
4	30	职工薪酬分配表										
4	30	折旧费用分配表										
4	30	动力费用分配表										
4	30	辅助生产费用分配表										

表5-16

记 账 凭 证

总号_____

年　　月　　日

分号_____

摘要	总账科目	明细科目	借方金额										贷方金额										记账符号
			千	百	十	万	千	百	十	元	角	分	千	百	十	万	千	百	十	元	角	分	

附凭证　　张

会计主管：　　　　记账：　　　　　　　　　　　　　稽核：　　　　　　　制单：

表5-17

制造费用分配表

车间：第一车间　　　　　　　　202×年5月

总账科目	明细科目		成本项目	分配标准（小时）	分配率（％）	分配额（元）
生产成本	基本生产成本	甲产品	制造费用			
		乙产品	制造费用			
		丙产品	制造费用			
合计						

表5-18

制造费用明细账

车间：第一车间

单位：元

202×年		摘要	费用项目						合计
月	日		机物料消耗	保险费	职工薪酬	折旧费	水电费	修理费	
5	31	材料费用分配表							
5	31	长期待摊费用分配表							
5	31	职工薪酬分配表							
5	31	折旧费用分配表							
5	31	动力费用分配表							
5	31	辅助生产费用分配表							

表5-19

记 账 凭 证

总号_____

年　　月　　日

分号_____

摘要	总账科目	明细科目	借方金额										贷方金额										记账符号
			千	百	十	万	千	百	十	元	角	分	千	百	十	万	千	百	十	元	角	分	

附凭证　　　　张

会计主管：　　　　记账：　　　　　　　　　　稽核：　　　　　　　制单：

表5-20

制造费用分配表

车间：第一车间　　　　　　　　　202×年6月

总账科目	明细科目		成本项目	分配标准（小时）	分配率（%）	分配额（元）
生产成本	基本生产成本	甲产品	制造费用			
		乙产品	制造费用			
		丙产品	制造费用			
合计						

表5-21

制造费用明细账

车间：第一车间

单位：元

202×年		摘要	费用项目																																													合计								
月	日		机物料消耗								保险费								职工薪酬								折旧费								水电费								修理费																
			百	十	万	千	百	十	元	角	分	百	十	万	千	百	十	元	角	分	百	十	万	千	百	十	元	角	分	百	十	万	千	百	十	元	角	分	百	十	万	千	百	十	元	角	分	百	十	万	千	百	十	元	角	分	十	万	千	百	十	元	角	分
6	30	材料费用分配表																																																							
6	30	长期待摊费用分配表																																																							
6	30	职工薪酬分配表																																																							
6	30	折旧费用分配表																																																							
6	30	动力费用分配表																																																							
6	30	辅助生产费用分配表																																																							

表 5-22

记 账 凭 证

年　　　月　　　日

摘要	总账科目	明细科目	借方金额										贷方金额										记账符号
			千	百	十	万	千	百	十	元	角	分	千	百	十	万	千	百	十	元	角	分	

附凭证　　张

会计主管：　　　　记账：　　　　　　　　　　　　　稽核：　　　　　　　制单：

表 5-23

制造费用分配表

车间：第一车间　　　　　　　　202×年7月

总账科目	明细科目		成本项目	分配标准（小时）	分配率（%）	分配额（元）
生产成本	基本生产成本	甲产品	制造费用			
		乙产品	制造费用			
		丙产品	制造费用			
合计						

表5-24

制造费用明细账

车间：第一车间 单位：元

202×年

月	日	摘要	费用项目						合计
			机物料消耗	保险费	职工薪酬	折旧费	水电费	修理费	
			百十万千百十元角分	百十万千百十元角分	百十万千百十元角分	百十万千百十元角分	百十万千百十元角分	百十万千百十元角分	百十万千百十元角分
7	31	材料费用分配表							
7	31	长期待摊费用分配表							
7	31	职工薪酬分配表							
7	31	折旧费用分配表							
7	31	动力费用分配表							
7	31	辅助生产费用分配表							

表5-25

记 账 凭 证

总号_____

年　　月　　日

分号_____

摘要	总账科目	明细科目	借方金额										贷方金额										记账符号
			千	百	十	万	千	百	十	元	角	分	千	百	十	万	千	百	十	元	角	分	

附凭证　　　　张

会计主管：　　　　　记账：　　　　　　　　　　稽核：　　　　　　　制单：

表5-26

制造费用分配表

车间：第一车间　　　　　　　　202×年8月

总账科目	明细科目		成本项目	分配标准（小时）	分配率（%）	分配额（元）
生产成本	基本生产成本	甲产品	制造费用			
		乙产品	制造费用			
		丙产品	制造费用			
合计						

表5-27

制造费用明细账

车间：第一车间

单位：元

202×年		摘要	费用项目																																										合计									
月	日		机物料消耗								保险费									职工薪酬									折旧费									水电费									修理费										百	十	万	千	百	十	元	角	分
			百	十	万	千	百	十	元	角	分	百	十	万	千	百	十	元	角	分	百	十	万	千	百	十	元	角	分	百	十	万	千	百	十	元	角	分	百	十	万	千	百	十	元	角	分	百	十	万	千	百	十	元	角	分										
8	31	材料费用分配表																																																					
8	31	长期待摊费用分配表																																																					
8	31	职工薪酬分配表																																																					
8	31	折旧费用分配表																																																					
8	31	动力费用分配表																																																					
8	31	辅助生产费用分配表																																																					

表5-28

记 账 凭 证

总号_____

年　　月　　日

分号_____

摘要	总账科目	明细科目	借方金额										贷方金额										记账符号
			千	百	十	万	千	百	十	元	角	分	千	百	十	万	千	百	十	元	角	分	

附凭证　　　张

会计主管：　　　　记账：　　　　　　　　　　　稽核：　　　　　　　制单：

表5-29

制造费用分配表

车间：第一车间

202×年9月

总账科目	明细科目		成本项目	分配标准（小时）	分配率（％）	分配额（元）
生产成本	基本生产成本	甲产品	制造费用			
		乙产品	制造费用			
		丙产品	制造费用			
合计						

表5-30

制造费用明细账

车间：第一车间　　　　　　　　　　　　　　　　　　　　　　　　　　　　　　　　　　　　单位：元

202×年		摘要	费用项目						合计
月	日		机物料消耗	保险费	职工薪酬	折旧费	水电费	修理费	
9	30	材料费用分配表							
9	30	长期待摊费用分配表							
9	30	职工薪酬分配表							
9	30	折旧费用分配表							
9	30	动力费用分配表							
9	30	辅助生产费用分配表							

表5-31

记 账 凭 证

总号_____

分号_____

摘要	总账科目	明细科目	借方金额										贷方金额										记账符号	
			千	百	十	万	千	百	十	元	角	分	千	百	十	万	千	百	十	元	角	分		附
																								凭
																								证
																								张

会计主管:　　　　记账:　　　　　　　　　　稽核:　　　　　　　　制单:

表5-32

制造费用分配表

车间:第一车间　　　　　　　　　　　202×年10月

总账科目	明细科目		成本项目	分配标准（小时）	分配率（%）	分配额（元）
生产成本	基本生产成本	甲产品	制造费用			
		乙产品	制造费用			
		丙产品	制造费用			
合计						

表5-33

制造费用明细账

车间：第一车间　　　　　　　　　　　　　　　　　　　　　　　　　　　　　　　　　　单位：元

202×年		摘要	费用项目						合计
月	日		机物料消耗	保险费	职工薪酬	折旧费	水电费	修理费	
10	31	材料费用分配表							
10	31	长期待摊费用分配表							
10	31	职工薪酬分配表							
10	31	折旧费用分配表							
10	31	动力费用分配表							
10	31	辅助生产费用分配表							

表5-34

记 账 凭 证

总号_____

年　　　月　　　日

分号_____

摘要	总账科目	明细科目	借方金额										贷方金额										记账符号
			千	百	十	万	千	百	十	元	角	分	千	百	十	万	千	百	十	元	角	分	

附凭证　　　张

会计主管：　　　　　记账：　　　　　　　　　　　　稽核：　　　　　　　　制单：

表5-35

制造费用分配表

车间：第一车间　　　　　　　　　　202×年11月

总账科目	明细科目		成本项目	分配标准（小时）	分配率（%）	分配额（元）
生产成本	基本生产成本	甲产品	制造费用			
		乙产品	制造费用			
		丙产品	制造费用			
合计						

表 5-36

制造费用明细账

车间：第一车间

单位：元

202×年		摘要	费用项目									合计							
月	日		机物料消耗	保险费	职工薪酬	折旧费	水电费	修理费				百	十	万	千	百	十	元	角	分
11	30	材料费用分配表																		
11	30	长期待摊费用分配表																		
11	30	职工薪酬分配表																		
11	30	折旧费用分配表																		
11	30	动力费用分配表																		
11	30	辅助生产费用分配表																		

表5-37

记 账 凭 证

年　　月　　日

总号_____

分号_____

摘要	总账科目	明细科目	借方金额										贷方金额										记账符号
			千	百	十	万	千	百	十	元	角	分	千	百	十	万	千	百	十	元	角	分	

附凭证　　张

会计主管：　　　　　记账：　　　　　　　　　　　　　稽核：　　　　　　　　制单：

表5-38

制造费用分配表

车间：第一车间　　　　　　　　　　202×年12月

总账科目	明细科目		成本项目	分配标准（小时）	分配率（%）	分配额（元）
生产成本	基本生产成本	甲产品	制造费用			
		乙产品	制造费用			
		丙产品	制造费用			
合计						

表5-39

制造费用明细账

车间：第一车间

单位：元

202×年		摘要	费用项目																																													合计									
月	日		机物料消耗										保险费										职工薪酬										折旧费										水电费										修理费											千	百	十	万	千	百	十	元	角	分
			百	十	万	千	百	十	元	角	分	百	十	万	千	百	十	元	角	分	百	十	万	千	百	十	元	角	分	百	十	万	千	百	十	元	角	分	百	十	万	千	百	十	元	角	分	百	十	万	千	百	十	元	角	分										
12	31	材料费用分配表																																																									
12	31	长期待摊费用分配表																																																									
12	31	职工薪酬分配表																																																									
12	31	折旧费用分配表																																																									
12	31	动力费用分配表																																																									
12	31	辅助生产费用分配表																																																									

表5-40

记 账 凭 证

总号＿＿＿＿

年　　月　　日

分号＿＿＿＿

摘要	总账科目	明细科目	借方金额										贷方金额										记账符号	
			千	百	十	万	千	百	十	元	角	分	千	百	十	万	千	百	十	元	角	分		附凭证
																								张

会计主管：　　　　记账：　　　　　　　　　　稽核：　　　　　　　制单：

表5-41

制造费用分配表

车间：第二车间

202×年1月

产品名称	实际产量定额工时（小时）	计划分配率（元/小时）	计划分配额（元）
A产品			
B产品			
合计			

表5-42

制造费用明细账

车间：第二车间

单位：元

202×年		摘要	费用项目							合计
月	日		机物料消耗	保险费	职工薪酬	折旧费	水电费	修理费		
			百 十 万 千 百 十 元 角 分	百 十 万 千 百 十 元 角 分	百 十 万 千 百 十 元 角 分	百 十 万 千 百 十 元 角 分	百 十 万 千 百 十 元 角 分	百 十 万 千 百 十 元 角 分		百 十 万 千 百 十 元 角 分
1	31	材料费用分配表								
1	31	长期待摊费用分配表								
1	31	职工薪酬分配表								
1	31	折旧费用分配表								
1	31	动力费用分配表								
1	31	辅助生产费用分配表								

表5-43

记 账 凭 证

摘要	总账科目	明细科目	借方金额										贷方金额										记账符号
			千	百	十	万	千	百	十	元	角	分	千	百	十	万	千	百	十	元	角	分	

附凭证　　张

会计主管：　　　　记账：　　　　　　　　　　　　稽核：　　　　　　　　制单：

表5-44

制造费用分配表

车间：第二车间　　　　　　　　202×年2月

产品名称	实际产量定额工时 （小时）	计划分配率 （元／小时）	计划分配额（元）
A产品			
B产品			
合计			

表5-45

制造费用明细账

车间：第二车间

单位：元

202×年		摘要	费用项目																																																						合计									
月	日		机物料消耗										保险费										职工薪酬										折旧费										水电费										修理费																			
			百	十	万	千	百	十	元	角	分	百	十	万	千	百	十	元	角	分	百	十	万	千	百	十	元	角	分	百	十	万	千	百	十	元	角	分	百	十	万	千	百	十	元	角	分	百	十	万	千	百	十	元	角	分	十	百	十	万	千	百	十	元	角	分
2	28	材料费用分配表																																																																		
2	28	长期待摊费用分配表																																																																		
2	28	职工薪酬分配表																																																																		
2	28	折旧费用分配表																																																																		
2	28	动力费用分配表																																																																		
2	28	辅助生产费用分配表																																																																		

表5-46

记 账 凭 证

年　　月　　日

总号_____

分号_____

摘要	总账科目	明细科目	借方金额										贷方金额										记账符号
			千	百	十	万	千	百	十	元	角	分	千	百	十	万	千	百	十	元	角	分	

附凭证　　　张

会计主管:　　　　记账:　　　　　　　　　　稽核:　　　　　　制单:

表5-47

制造费用分配表

202×年3月

车间: 第二车间

产品名称	实际产量定额工时（小时）	计划分配率（元/小时）	计划分配额（元）
A产品			
B产品			
合计			

表5-48

制造费用明细账

车间：第二车间

单位：元

202×年		摘要	费用项目																																																								合计								
月	日		机物料消耗									保险费									职工薪酬									折旧费									水电费									修理费																	
			百	十	万	千	百	十	元	角	分	百	十	万	千	百	十	元	角	分	百	十	万	千	百	十	元	角	分	百	十	万	千	百	十	元	角	分	百	十	万	千	百	十	元	角	分	百	十	万	千	百	十	元	角	分	百	十	万	千	百	十	元	角	分
3	31	材料费用分配表																																																																		
3	31	长期待摊费用分配表																																																																		
3	31	职工薪酬分配表																																																																		
3	31	折旧费用分配表																																																																		
3	31	动力费用分配表																																																																		
3	31	辅助生产费用分配表																																																																		

表5-49

记 账 凭 证

年　　月　　日

摘要	总账科目	明细科目	借方金额										贷方金额										记账符号
			千	百	十	万	千	百	十	元	角	分	千	百	十	万	千	百	十	元	角	分	

附凭证　　张

会计主管：　　　　记账：　　　　　　　　　　稽核：　　　　　　制单：

表5-50

制造费用分配表

车间：第二车间　　　　　202×年4月

产品名称	实际产量定额工时（小时）	计划分配率（元/小时）	计划分配额（元）
A产品			
B产品			
合计			

表5-51

制造费用明细账

车间：第二车间

单位：元

202×年		摘要	费用项目																																										合计								
月	日		机物料消耗									保险费									职工薪酬									折旧费									水电费									修理费																		
			百	十	万	千	百	十	元	角	分	百	十	万	千	百	十	元	角	分	百	十	万	千	百	十	元	角	分	百	十	万	千	百	十	元	角	分	百	十	万	千	百	十	元	角	分	百	十	万	千	百	十	元	角	分	十	百	十	万	千	百	十	元	角	分
4	30	材料费用分配表																																																																		
4	30	长期待摊费用分配表																																																																		
4	30	职工薪酬分配表																																																																		
4	30	折旧费用分配表																																																																		
4	30	动力费用分配表																																																																		
4	30	辅助生产费用分配表																																																																		

表5-52

记 账 凭 证

总号_____

年　　月　　日

分号_____

摘要	总账科目	明细科目	借方金额										贷方金额										记账符号	
			千	百	十	万	千	百	十	元	角	分	千	百	十	万	千	百	十	元	角	分		附
																								凭
																								证
																								张

会计主管：　　　　　记账：　　　　　　　　　　　　　稽核：　　　　　　　制单：

表5-53

制造费用分配表

车间：第二车间　　　　　　　　　　202×年5月

产品名称	实际产量定额工时（小时）	计划分配率（元/小时）	计划分配额（元）
A产品			
B产品			
合计			

表5-54

制造费用明细账

车间：第二车间

单位：元

202×年		摘要	费用项目																																													合计									
月	日		机物料消耗									保险费									职工薪酬									折旧费									水电费									修理费																		
			百	十	万	千	百	十	元	角	分	百	十	万	千	百	十	元	角	分	百	十	万	千	百	十	元	角	分	百	十	万	千	百	十	元	角	分	百	十	万	千	百	十	元	角	分	百	十	万	千	百	十	元	角	分	千	百	十	万	千	百	十	元	角	分
5	31	材料费用分配表																																																																			
5	31	长期待摊费用分配表																																																																			
5	31	职工薪酬分配表																																																																			
5	31	折旧费用分配表																																																																			
5	31	动力费用分配表																																																																			
5	31	辅助生产费用分配表																																																																			

表5-55

记 账 凭 证

总号_____

年　　月　　日

分号_____

摘要	总账科目	明细科目	借方金额										贷方金额										记账符号	
			千	百	十	万	千	百	十	元	角	分	千	百	十	万	千	百	十	元	角	分		附
																								凭
																								证
																								张

会计主管:　　　　记账:　　　　　　　　　　　　稽核:　　　　　　　　制单:

表5-56

制造费用分配表

车间: 第二车间　　　　　　　　　　202×年6月

产品名称	实际产量定额工时（小时）	计划分配率（元/小时）	计划分配额（元）
A产品			
B产品			
合计			

表5-57

制造费用明细账

车间：第二车间

单位：元

202×年		摘要	费用项目						合计
月	日		机物料消耗	保险费	职工薪酬	折旧费	水电费	修理费	
6	30	材料费用分配表							
6	30	长期待摊费用分配表							
6	30	职工薪酬分配表							
6	30	折旧费用分配表							
6	30	动力费用分配表							
6	30	辅助生产费用分配表							

表5-58

记 账 凭 证

总号_____

年　　月　　日

分号_____

摘要	总账科目	明细科目	借方金额										贷方金额										记账符号	
			千	百	十	万	千	百	十	元	角	分	千	百	十	万	千	百	十	元	角	分		附
																								凭
																								证
																								张

会计主管：　　　　记账：　　　　　　　　　　　　　稽核：　　　　　　　制单：

表5-59

制造费用分配表

车间：第二车间　　　　　　　　　　　　202×年7月

产品名称	实际产量定额工时（小时）	计划分配率（元/小时）	计划分配额（元）
A产品			
B产品			
合计			

表5-60

制造费用明细账

车间：第二车间

单位：元

202×年		摘要	费用项目							合计
月	日		机物料消耗	保险费	职工薪酬	折旧费	水电费	修理费		
			百十万千百十元角分	百十万千百十元角分	百十万千百十元角分	百十万千百十元角分	百十万千百十元角分	百十万千百十元角分		百十万千百十元角分
7	31	材料费用分配表								
7	31	长期待摊费用分配表								
7	31	职工薪酬分配表								
7	31	折旧费用分配表								
7	31	动力费用分配表								
7	31	辅助生产费用分配表								

表5-61

记 账 凭 证

总号_____

年　　　月　　　日

分号_____

摘要	总账科目	明细科目	借方金额										贷方金额										记账符号
			千	百	十	万	千	百	十	元	角	分	千	百	十	万	千	百	十	元	角	分	

附凭证　　张

会计主管:　　　　　记账:　　　　　　　　　　稽核:　　　　　　　制单:

表5-62

制造费用分配表

车间: 第二车间　　　　　　　　　　202×年8月

产品名称	实际产量定额工时（小时）	计划分配率（元/小时）	计划分配额（元）
A产品			
B产品			
合计			

表 5-63

制造费用明细账

车间：第二车间

单位：元

202×年		摘要	费用项目						合计
月	日		机物料消耗	保险费	职工薪酬	折旧费	水电费	修理费	
8	31	材料费用分配表							
8	31	长期待摊费用分配表							
8	31	职工薪酬分配表							
8	31	折旧费用分配表							
8	31	动力费用分配表							
8	31	辅助生产费用分配表							

表5-64

记 账 凭 证

总号_____

年　　　月　　　日　　　　　　　　　　　　　　　　分号_____

摘要	总账科目	明细科目	借方金额										贷方金额										记账符号	
			千	百	十	万	千	百	十	元	角	分	千	百	十	万	千	百	十	元	角	分		附凭证
																								张

会计主管：　　　　　记账：　　　　　　　　　　　　稽核：　　　　　　　制单：

表5-65

制造费用分配表

车间：第二车间　　　　　　　　　　202×年9月

产品名称	实际产量定额工时（小时）	计划分配率（元／小时）	计划分配额（元）
A产品			
B产品			
合计			

表5-66

制造费用明细账

车间：第二车间

单位：元

202×年		摘要	费用项目																																														合计									
月	日		机物料消耗									保险费									职工薪酬									折旧费									水电费									修理费																		
			百	十	万	千	百	十	元	角	分	百	十	万	千	百	十	元	角	分	百	十	万	千	百	十	元	角	分	百	十	万	千	百	十	元	角	分	百	十	万	千	百	十	元	角	分	百	十	万	千	百	十	元	角	分	百	十	万	千	百	十	元	角	分
9	30	材料费用分配表																																																																	
9	30	长期待摊费用分配表																																																																	
9	30	职工薪酬分配表																																																																	
9	30	折旧费用分配表																																																																	
9	30	动力费用分配表																																																																	
9	30	辅助生产费用分配表																																																																	

表5-67

记 账 凭 证

总号_____

年　　月　　日

分号_____

摘要	总账科目	明细科目	借方金额										贷方金额										记账符号	
			千	百	十	万	千	百	十	元	角	分	千	百	十	万	千	百	十	元	角	分		附凭证
																								张

会计主管：　　　　　记账：　　　　　　　　　　　　稽核：　　　　　　　制单：

表5-68

制造费用分配表

车间：第二车间

202×年10月

产品名称	实际产量定额工时（小时）	计划分配率（元/小时）	计划分配额（元）
A产品			
B产品			
合计			

表5-69

制造费用明细账

车间：第二车间　　　　　　　　　　　　　　　　　　　　　　　　　　　　　　　　单位：元

202×年		摘要	费用项目						合计
月	日		机物料消耗	保险费	职工薪酬	折旧费	水电费	修理费	
10	31	材料费用分配表							
10	31	长期待摊费用分配表							
10	31	职工薪酬分配表							
10	31	折旧费用分配表							
10	31	动力费用分配表							
10	31	辅助生产费用分配表							

表5-70

记 账 凭 证

总号_____

年　　月　　日

分号_____

摘要	总账科目	明细科目	借方金额										贷方金额										记账符号	
			千	百	十	万	千	百	十	元	角	分	千	百	十	万	千	百	十	元	角	分		附凭证
																								张

会计主管:　　　　记账:　　　　　　　　　　　稽核:　　　　　　　制单:

表5-71

制造费用分配表

车间: 第二车间

202×年11月

产品名称	实际产量定额工时 （小时）	计划分配率 （元/小时）	计划分配额（元）
A产品			
B产品			
合计			

表5-72

制造费用明细账

车间：第二车间　　　　　　　　　　　　　　　　　　　　　　　　　　　　　单位：元

202×年 月	日	摘要	费用项目 机物料消耗	保险费	职工薪酬	折旧费	水电费	修理费	合计
11	30	材料费用分配表							
11	30	长期待摊费用分配表							
11	30	职工薪酬分配表							
11	30	折旧费用分配表							
11	30	动力费用分配表							
11	30	辅助生产费用分配表							

表 5-73

记 账 凭 证

年 月 日

总号_____

分号_____

摘要	总账科目	明细科目	借方金额										贷方金额										记账符号
			千	百	十	万	千	百	十	元	角	分	千	百	十	万	千	百	十	元	角	分	

附凭证 张

会计主管: 　　　记账: 　　　　　　　　　稽核: 　　　　　制单:

表 5-74

制造费用分配表

车间：第二车间　　　　　　　　　　202×年 12 月

产品名称	实际产量定额工时 （小时）	计划分配率 （元 / 小时）	计划分配额（元）
A 产品			
B 产品			
合计			

表5-75

制造费用明细账

车间：第二车间

单位：元

202×年		摘要	费用项目																																																								合计									
月	日		机物料消耗									保险费									职工薪酬									折旧费									水电费									修理费																		
			百	十	万	千	百	十	元	角	分	百	十	万	千	百	十	元	角	分	百	十	万	千	百	十	元	角	分	百	十	万	千	百	十	元	角	分	百	十	万	千	百	十	元	角	分	百	十	万	千	百	十	元	角	分	百	十	万	千	百	十	元	角	分
12	31	材料费用分配表																																																																	
12	31	长期待摊费用分配表																																																																	
12	31	职工薪酬分配表																																																																	
12	31	折旧费用分配表																																																																	
12	31	动力费用分配表																																																																	
12	31	辅助生产费用分配表																																																																	

表 5-76

记 账 凭 证

总号_____

年　　月　　日

分号_____

摘要	总账科目	明细科目	借方金额										贷方金额										记账符号	
			千	百	十	万	千	百	十	元	角	分	千	百	十	万	千	百	十	元	角	分		附凭证
																								张

会计主管：　　　　记账：　　　　　　　　　　　稽核：　　　　　　　制单：

表 5-77

制造费用差异分配表

车间：第二车间　　　　　　　　　　202×年12月

产品名称	实际产量定额工时（小时）	计划分配率（元/小时）	计划分配额（元）
A产品			
B产品			
合计			

表 5-78

记 账 凭 证

总号_____

年　　月　　日

分号_____

摘要	总账科目	明细科目	借方金额										贷方金额										记账符号	
			千	百	十	万	千	百	十	元	角	分	千	百	十	万	千	百	十	元	角	分		附凭证
																								张

会计主管：　　　　记账：　　　　　　　　　　　稽核：　　　　　　　制单：

实训六 生产损失的归集与分配

一 实训目的

掌握废品损失的归集和分配。

二 实训资料

ABC公司企业设有一个基本生产车间，大量生产甲、乙、丙三种产品。202×年废品损失相关资料如下：

（1）废品通知单（表6-1~表6-3）。

（2）本月产量统计表（表6-4）。

（3）本月生产工时记录表（表6-5）。

（4）月初在产品成本资料（表6-6）。

（5）直接材料费用分配表（表6-7）。

（6）直接人工费用分配表（表6-8）。

（7）制造费用分配表（表6-9）。

（8）单位产品定额表（表6-10）。

三 实训要求

（1）根据直接材料费用分配表、直接人工费用分配表、制造费用分配表编制记账凭证（表6-11~表6-14）。

（2）根据甲产品废品通知单编制甲产品可修复废品应收责任单位和责任人赔偿的记账凭证（表6-15），登记甲产品废品损失明细账（表6-16）。

（3）根据甲产品废品损失明细账编制结转废品净损失的记账凭证（表6-17），登记甲产品成本明细账（表6-18）。

（4）根据乙产品成本明细账（表6-19）、产量统计表、生产工时记录表编制乙产品不可修复废品生产成本计算表（表6-20），并编制结转乙产品不可修复废品生产成本的记账凭证（表6-21），登记乙产品废品损失明细账（表6-22）。

（5）根据乙产品废品通知单编制乙产品不可修复废品回收残料的记账凭证（表6-23），登记乙产品废品损失明细账。

（6）根据乙产品废品损失明细账编制结转废品净损失的记账凭证（表6-24），登记乙产品成本明细账和废品损失明细账。

（7）根据产量统计表、生产工时记录表、单位产品定额表编制丙产品不可修复废品生产成本计算表（表6-25），并编制结转丙产品不可修复废品生产成本的记账凭证（表6-26），登记丙产品废品损失明细账（表6-27）。

（8）根据丙产品废品通知单编制丙产品不可修复废品回收残料及应收赔偿给款的记账凭证（表6-28），登记丙产品废品损失明细账。

（9）根据丙产品废品损失明细账编制结转废品净损失的记账凭证（表6-29），登记丙产品成本明细账（表6-30）和废品损失明细账。

表6-1

废品通知单

车间：基本生产车间　　　　　班组：A组　　　　　单号：　　　　　日期：202×年12月5日

产品名称：甲产品	产品类别：在产品	计量单位：件
废品数量：10	可修复数量：10	不可修复数量：0
废品发生原因：工人×××操作不当		
责任单和责任人赔偿：20元		

车间负责人：　　　　　　　　技术检验员：　　　　　　　　车间核算员：

表6-2

废品通知单

车间：基本生产车间　　　　　班组：A组　　　　　单号：　　　　　日期：202×年12月12日

产品名称：乙产品	产品类别：在产品	计量单位：件
废品数量：20	可修复数量：0	不可修复数量：20
废品发生原因：工人×××操作不当		
责任单和责任人赔偿：40元		

车间负责人：　　　　　　　　技术检验员：　　　　　　　　车间核算员：

表6-3

废品通知单

车间：基本生产车间　　　　　班组：A组　　　　　单号：　　　　　日期：202×年12月15日

产品名称：丙产品	产品类别：完工产品	计量单位：件
废品数量：20	可修复数量：0	不可修复数量：20
废品发生原因：工人×××操作不当		
责任单和责任人赔偿：300元		
收回残料价值：32元		

车间负责人：　　　　　　　　技术检验员：　　　　　　　　车间核算员：

表6-4

本月产量统计表

单位：件

产品名称	合格品数量	废品数量		合计
		可修复废品	不可修复废品	
甲产品	990	10	0	1000
乙产品	2180	0	20	2200
丙产品	2560	0	20	2580

表6-5

本月生产工时记录表

单位：小时

产品名称	合格品	不可修复废品	可修复废品	合计
甲产品	900	0	5	905
乙产品	1950	30	0	1980
丙产品	3240	40	0	3280
合计	6090	70	5	6165

表6-6

月初在产品成本资料

202×年12月

单位：元

产品名称	直接材料	直接人工	制造费用	合计
甲产品	11000	4600	3200	18800
乙产品	8800	7920	3960	20680
丙产品	15000	13200	5600	33800

表6-7

直接材料费用分配表

202×年12月

单位：元

借方账户		成本项目	直接计入	分配计入			合计
				重量（千克）	分配率	分配金额	
生产成本	甲产品	直接材料		220		44000	44000
	乙产品	直接材料		792		158400	158400
	丙产品	直接材料		1155	200	231000	231000
废品损失	甲产品	直接材料	100				100
制造费用	基本车间		9000				9000
合计			9100	2167	200	433400	442500

表6-8

直接人工费用分配表

202×年12月

单位：元

借方账户		直接计入	分配计入			合计
			生产工时（小时）	分配率	金额	
生产成本	甲产品		900		27000	27000
	乙产品		1980		59400	59400
	丙产品		3280		98400	98400
废品损失	甲产品		5		150	150
	小计		6165	30	184950	184950
制造费用	基本车间	28200				28200
管理费用		5000				5000
销售费用		15000				15000
合计		48200			184950	233150

表6-9

制造费用分配表

202×年12月

借方账户		生产工时（小时）	分配率	分配金额（元）
生产成本	甲产品	900		10800
	乙产品	1980		23760
	丙产品	3280		39360
废品损失	甲产品	5		60
合计		6165	12	73980

表6-10

单位产品定额表

产品	直接材料	直接人工	制造费用
丙产品	100元/件	26元/小时	12元/小时

表6-11

记 账 凭 证

总号＿＿＿＿

年　　　月　　　日

分号＿＿＿＿

摘要	总账科目	明细科目	借方金额										贷方金额										记账符号	
			千	百	十	万	千	百	十	元	角	分	千	百	十	万	千	百	十	元	角	分		附凭证
																								张

会计主管：　　　　　记账：　　　　　　　　　　　　　　稽核：　　　　　　　　制单：

表6-12

记 账 凭 证

总号＿＿＿＿

年　　　月　　　日

分号＿＿＿＿

摘要	总账科目	明细科目	借方金额										贷方金额										记账符号	
			千	百	十	万	千	百	十	元	角	分	千	百	十	万	千	百	十	元	角	分		附凭证
																								张

会计主管：　　　　　记账：　　　　　　　　　　　　　　稽核：　　　　　　　　制单：

表6-13

记 账 凭 证

总号＿＿＿＿＿

年　　　月　　　日

分号＿＿＿＿＿

摘要	总账科目	明细科目	借方金额										贷方金额										记账符号	
			千	百	十	万	千	百	十	元	角	分	千	百	十	万	千	百	十	元	角	分		附
																								凭
																								证
																								张

会计主管：　　　　记账：　　　　　　　　　　　　稽核：　　　　　　　　制单：

表6-14

记 账 凭 证

总号＿＿＿＿＿

年　　　月　　　日

分号＿＿＿＿＿

摘要	总账科目	明细科目	借方金额										贷方金额										记账符号	
			千	百	十	万	千	百	十	元	角	分	千	百	十	万	千	百	十	元	角	分		附
																								凭
																								证
																								张

会计主管：　　　　记账：　　　　　　　　　　　　稽核：　　　　　　　　制单：

表6-15

记 账 凭 证

总号_____

年　　月　　日

分号_____

摘要	总账科目	明细科目	借方金额										贷方金额										记账符号	
			千	百	十	万	千	百	十	元	角	分	千	百	十	万	千	百	十	元	角	分		附
																								凭
																								证
																								张

会计主管：　　　　记账：　　　　　　　　　　稽核：　　　　　　　　制单：

表6-16

废品损失明细账

202×年12月

产品名称：甲产品　　　　　　　　　　　　　　　　　　　　　　　　　　　　单位：元

月	日	摘要	直接材料									直接人工									制造费用									合计								
			千	百	十	万	千	百	十	元	角	分	千	百	十	万	千	百	十	元	角	分	千	百	十	万	千	百	十	元	角	分	千	百	十	万	千	百	十	元	角	分

表6-17

记 账 凭 证

总号_____

年　　月　　日

分号_____

摘要	总账科目	明细科目	借方金额										贷方金额										记账符号	
			千	百	十	万	千	百	十	元	角	分	千	百	十	万	千	百	十	元	角	分		附
																								凭
																								证
																								张

会计主管：　　　　　记账：　　　　　　　　　　　　　稽核：　　　　　　制单：

表6-18

产品名称：甲产品

产品成本明细账

202×年12月

单位：元

月	日	摘要	直接材料										直接人工										制造费用										废品损失										合计									
			千	百	十	万	千	百	十	元	角	分	千	百	十	万	千	百	十	元	角	分	千	百	十	万	千	百	十	元	角	分	千	百	十	万	千	百	十	元	角	分	千	百	十	万	千	百	十	元	角	分

表6-19

产品成本明细账

202×年12月

产品名称：乙产品

单位：元

月	日	摘要	直接材料										直接人工										制造费用										废品损失										合计									
			千	百	十	万	千	百	十	元	角	分	千	百	十	万	千	百	十	元	角	分	千	百	十	万	千	百	十	元	角	分	千	百	十	万	千	百	十	元	角	分	千	百	十	万	千	百	十	元	角	分

表6-20

乙产品不可修复废品生产成本计算表

202×年12月

单位：元

项目	数量（件）	直接材料	生产工时（小时）	直接人工	制造费用	合计
生产费用总额						
分配率						
废品生产成本						

表6-21

记 账 凭 证

总号_____

年 月 日

分号_____

摘要	总账科目	明细科目	借方金额										贷方金额										记账符号	
			千	百	十	万	千	百	十	元	角	分	千	百	十	万	千	百	十	元	角	分		附凭证
																								张

会计主管：　　　　　记账：　　　　　　　　　　　　　　稽核：　　　　　　　　制单：

表6-22

废品损失明细账

202×年12月

产品名称：乙产品

单位：元

月	日	摘要	直接材料									直接人工									制造费用									合计								
			千	百	十	万	千	百	十	元	角	分	千	百	十	万	千	百	十	元	角	分	千	百	十	万	千	百	十	元	角	分	千	百	十	万	千	百	十	元	角	分

表6-23

记 账 凭 证

总号_____

年 月 日

分号_____

摘要	总账科目	明细科目	借方金额										贷方金额										记账符号
			千	百	十	万	千	百	十	元	角	分	千	百	十	万	千	百	十	元	角	分	

附凭证　张

会计主管：　　　记账：　　　　　　　　　　　稽核：　　　　　制单：

表6-24

记 账 凭 证

总号_____

年 月 日

分号_____

摘要	总账科目	明细科目	借方金额										贷方金额										记账符号
			千	百	十	万	千	百	十	元	角	分	千	百	十	万	千	百	十	元	角	分	

附凭证　张

会计主管：　　　记账：　　　　　　　　　　　稽核：　　　　　制单：

表6-25

丙产品不可修复废品生产成本计算表

202×年12月

单位：元

项目	数量（件）	直接材料	生产工时（小时）	直接人工	制造费用	合计
生产费用总额						
分配率						
废品生产成本						

表6-26

记 账 凭 证

年　　月　　日

总号_____

分号_____

摘要	总账科目	明细科目	借方金额										贷方金额										记账符号
			千	百	十	万	千	百	十	元	角	分	千	百	十	万	千	百	十	元	角	分	

会计主管：　　　　记账：　　　　　　　　　　　　稽核：　　　　　　　制单：

附凭证　张

表6-27

废品损失明细账

202×年12月

产品名称：丙产品

单位：元

月	日	摘要	直接材料									直接人工									制造费用									合计								
			千	百	十	万	千	百	十	元	角	分	千	百	十	万	千	百	十	元	角	分	千	百	十	万	千	百	十	元	角	分	千	百	十	万	千	百	十	元	角	分

表6-28

记 账 凭 证

总号_____

年　　月　　日

分号_____

摘要	总账科目	明细科目	借方金额										贷方金额										记账符号	
			千	百	十	万	千	百	十	元	角	分	千	百	十	万	千	百	十	元	角	分		附凭证
																								张

会计主管：　　　　记账：　　　　　　　　　　　　　稽核：　　　　　　　　制单：

表6-29

记 账 凭 证

总号_____

年　　月　　日

分号_____

摘要	总账科目	明细科目	借方金额										贷方金额										记账符号	
			千	百	十	万	千	百	十	元	角	分	千	百	十	万	千	百	十	元	角	分		附凭证
																								张

会计主管：　　　　记账：　　　　　　　　　　　　　稽核：　　　　　　　　制单：

表6-30

产品成本明细账

单位：元

产品名称：丙产品

202×年12月

月	日	摘要	直接材料									直接人工									制造费用									废品损失									合计								
			千	百	十	万	千	百	十	元	角	分	千	百	十	万	千	百	十	元	角	分	千	百	十	万	千	百	十	元	角	分	千	百	十	万	千	百	十	元	角	分	千	百	十	万	千	百	十	元	角	分

实训七　生产费用在完工产品与在产品之间的归集与分配

一　实训目的

掌握生产费用在完工产品与在产品之间的归集与分配。

二　实训资料

ABC公司设有第一车间、第二车间，分别生产甲、乙两种产品，原材料都在生产开始时一次性投入。甲产品经过两道工序连续加工完成，乙产品经过三道工序连续加工完成。202×年12月完工产品与在产品相关资料如下：

（1）产品工时定额表（表7-1）。

（2）产品入库单（表7-2）。

（3）月末在产品盘存表（表7-3）。

（4）月初在产品成本表（表7-4）和本月生产费用表（表7-5）。

三　实训要求

（1）假设甲产品月末在产品数量变化不大，采用在产品按定额成本计算法分配计算完工产品和月末在产品成本，完成月末在产品定额成本计算表（表7-6）和甲产品成本明细账（表7-7）。

（2）假设甲产品月末在产品数量变化较大，采用定额比例法分配计算完工产品和月末在产品成本，完成产品成本明细账，并与在产品按定额成本计算法的计算结果进行比较，分析它们之间的差异。

（3）乙产品采用约当产量比例法分配计算完工产品和月末在产品成本，完成在产品完工程度及约当产量计算表（表7-8）和乙产品产品成本明细账（表7-9）。

表7-1

产品工时定额表

202×年12月

单位：小时／件

产品名称	工时定额			
	第一工序	第二工序	第三工序	合计
甲产品	6	4	—	10
乙产品	4	6	10	20

表7-2

产品入库单

202×年12月

产品名称	单位	入库数量	备注
甲产品	件	800	
乙产品	件	900	

表7-3

月末在产品盘存表

202×年12月

产品名称	单位	生产工序			
		第一工序	第二工序	第三工序	合计
甲产品	件	100	80	—	180
乙产品	件	20	40	40	100

备注：甲产品单位直接材料费用定额为180元，月末在产品平均加工程度为50%。

表7-4

月初在产品成本表

202×年12月

单位：元

产品名称	直接材料	直接人工	制造费用	合计
甲产品	64000	30000	18000	112000
乙产品	120000	84784	63536	268320

表7-5

本月生产费用表

202×年12月

单位：元

产品名称	直接材料	直接人工	制造费用	合计
甲产品	190687.2	84600	25380	300667.2
乙产品	556000	392000	330000	1278000

表7-6

产品名称：甲产品

月末在产品定额成本计算表

202×年12月

单位：元

工序	在产品数量（件）	直接材料		直接人工		制造费用		月末在产品定额总成本
		单位定额成本	总成本	单位定额成本	总成本	单位定额成本	总成本	
第一工序								
第二工序								
合计								

表7-7

产品名称：甲产品

产品成本明细账

202×年12月

单位：元

月	日	摘要	直接材料										直接人工										制造费用										合计									
			千	百	十	万	千	百	十	元	角	分	千	百	十	万	千	百	十	元	角	分	千	百	十	万	千	百	十	元	角	分	千	百	十	万	千	百	十	元	角	分

表7-8

产品名称：乙产品

实物单位：件

在产品完工程度及约当产量计算表

202×年12月

工序	工时定额（小时/件）	完工程度（％）	在产品数量	在产品约当产量
第一工序				
第二工序				
第三工序				
合计				

表7-9

产品名称：乙产品

单位：元

产品成本明细账

202×年12月

月	日	摘要	直接材料										直接人工										制造费用										合计									
---	---	------	千	百	十	万	千	百	十	元	角	分	千	百	十	万	千	百	十	元	角	分	千	百	十	万	千	百	十	元	角	分	千	百	十	万	千	百	十	元	角	分

第二篇
综合实训

实训八　成本计算品种法

一　实训目的

掌握成本计算品种法。

二　实训资料

ABC公司设有一个基本生产车间生产甲、乙两种产品，其生产形式为大量大批生产。原材料在生产开始时一次投入，甲、乙产品共同消耗的材料按定额耗用量比例分配；生产工人薪酬和制造费用按实际生产工时比例分配；甲产品的完工产品成本与月末在产品成本之间按定额比例法分配；乙产品的完工产品成本与月末在产品成本之间按约当量比例法分配，月末在产品完工程度为50%。202×年12月有关资料如下：

（1）月初在产品盘存单（表8-1）。

（2）月初在产品成本汇总表（表8-2）。

（3）领料单（表8-3~表8-6）。

（4）职工薪酬汇总表（表8-7）。

（5）折旧费用计算表（表8-8）。

（6）其他费用分配表（表8-9）。

（7）产品入库单（表8-10）、月末在产品盘存单（表8-11）。

（8）甲产品生产消耗定额表（表8-12）。

（9）定额消耗量、工时记录（表8-13）。

三　实训要求

（1）编制材料费用分配汇总表（表8-14），登记各种产品成本明细账和制造费用明细。

（2）编制职工薪酬费用分配表（表8-15），登记各种产品成本明细账和制造费用明细。

（3）根据折旧费用计算表、其他费用分配表，登记制造费用明细账（表8-16）。

（4）根据制造费用明细账，定额消耗量、工时记录，编制制造费用分配表（表8-17），并登记制造费用明细账和各种产品成本明细账。

（5）根据各种产品成本明细账及产品入库单、月末在产品盘存单计算本月完工产品成本和月末在产品成本。

（6）根据产品成本明细账（表8-18、表8-19）编制结转完工产品的记账凭证（表8-20~表8-23）。

表 8-1

车间：基本生产车间

月初在产品盘存单

202×年12月1日

在产品名称	单位	盘点数量	单位成本	总成本	在产品完工率
甲	件	150			50%
乙	件	210			50%

表 8-2

月初在产品成本汇总表

202×年12月1日

单位：元

项目	直接材料										直接人工										制造费用										合计									
	千	百	十	万	千	百	十	元	角	分	千	百	十	万	千	百	十	元	角	分	千	百	十	万	千	百	十	元	角	分	千	百	十	万	千	百	十	元	角	分
甲				3	0	0	0	0	0	0				1	2	0	0	0	0	0				1	2	0	0	0	0	0				5	4	0	0	0	0	0
乙				2	7	0	0	0	0	0				2	1	0	0	0	0	0					9	0	0	0	0	0				5	7	0	0	0	0	0

表8-3

ABC 公司
领料单

No. 238001

领料部门：基本生产车间　　　　202×年12月31日　　　　仓库：材料仓库

材料名称	计量单位	数量		单价（元）	金额（元）	用途
		请领	实领			
生铁	吨	4	4	3000	12000	生产甲产品

仓库主管：　　　　发料人：　　　　领料部门主管：　　　　领料人：

表8-4

ABC 公司
领料单

No. 238002

领料部门：基本生产车间　　　　202×年12月31日　　　　仓库：材料仓库

材料名称	计量单位	数量		单价（元）	金额（元）	用途
		请领	实领			
生铁	吨	5	5	3000	15000	生产甲产品

仓库主管：　　　　发料人：　　　　领料部门主管：　　　　领料人：

表8-5

ABC 公司
领料单

No. 238003

领料部门：基本生产车间　　　　202×年12月31日　　　　仓库：材料仓库

材料名称	计量单位	数量		单价（元）	金额（元）	用途
		请领	实领			
焦炭	吨	6300	6300	10	63000	产品生产

仓库主管：　　　　发料人：　　　　领料部门主管：　　　　领料人：

表8-6

ABC 公司

领料单

No.238004

领料部门：基本生产车间　　　　　　202×年12月31日　　　　　　仓库：材料仓库

材料名称	计量单位	数量		单价（元）	金额（元）	用途
		请领	实领			
机物料	吨	1500	1500	10	15000	一般耗用

仓库主管：　　　　　　发料人：　　　　　　领料部门主管：　　　　　　领料人：

表8-7

职工薪酬汇总表

202×年12月31日　　　　　　　　　　单位：元

部门	职工薪酬总额
基本生产车间生产工人	58824
基本生产车间生产管理人员	6840
合计	65664

表8-8

折旧费用计算表

202×年12月31日　　　　　　　　　　单位：元

部门	项目	原值	年折旧率	本月应计提折旧额
基本生产车间	厂房	300000	4%	1000
	设备	400000	6%	2000
合计		700000		3000

表8-9

其他费用分配表

202×年12月31日　　　　　　　　　　单位：元

部门	项目	单价	金额
基本生产车间	办公费		12000
	水电费		2700
合计			14700

表8-10

产品入库单

车间：基本生产车间   202×年12月31日

产品名称	型号规格	单位	交付数量	实收数量	备注
甲		件	1500	1500	
乙		件	1650	1650	

表8-11

月末在产品盘存单

车间：基本生产车间   202×年12月31日

在产品名称	单位	盘点数量	单位成本	总成本	在产品完工率
甲	件	750			50%
乙	件	300			50%

表8-12

甲产品生产消耗定额表

202×年12月31日

项目	材料定额成本（元）	定额工时（小时）
产成品	22500	16500
在产品	15000	7500

表8-13

定额消耗量、工时记录

202×年12月31日

项目	焦炭定额消耗量（吨）	定额工时（小时）
甲	3000	6000
乙	3000	6900

表8-14

材料费用分配汇总表

202×年12月31日

分配对象	分配计入：焦炭			直接计入		合计（元）
	定额耗用量（吨）	分配率	分配金额（元）	生铁（元）	机物料（元）	
甲产品						
乙产品						
车间一般消耗						
合计						

表8-15

职工薪酬费用分配表

202×年12月31日

分配对象	实际工时（小时）	职工薪酬成本	
		分配率	分配额（元）
甲产品			
乙产品			
小计			
车间管理人员			
合计			

表8-16

制造费用明细账

202×年12月

车间：基本生产间

单位：元

202×年		摘要	费用项目																																														
月	日		直接材料									直接人工									折旧费									办公费									水电费									合计						
			百	十	万	千	百	十	元	角	分	百	十	万	千	百	十	元	角	分	百	十	万	千	百	十	元	角	分	百	十	万	千	百	十	元	角	分	百	十	万	千	百	十	元	角	分	百	十	万	千	百	十	元	角	分
12	31	材料费用分配表																																																
12	31	职工薪酬费用分配表																																																
12	31	折旧费用计算表																																																
12	31	办公费																																																
12	31	水电费																																																
12	31	合计																																																
12	31	分配转出																																																

表8-17

制造费用分配表

产品名称	生产工时（小时）	分配率	分配额（元）
甲			
乙			
合计			

表8-18

制造费用明细账

202×年12月

车间：甲产品

单位：元

日期		摘要	直接材料									直接人工									制造费用									合计								
月	日		千	百	十	万	千	百	十	元	角	分	千	百	十	万	千	百	十	元	角	分	千	百	十	万	千	百	十	元	角	分	千	百	十	万	千	百	十	元	角	分
12	1	月初在产品成本																																								
12	31	本月生产费用																																								
12	31	生产费用累计																																								
12	31	约当产量																																								
12	31	分配率																																								
12	31	完工产品成本																																								
12	31	月末在产品成本																																								

表8-19

车间：乙产品

制造费用明细账

202×年12月

单位：元

日期 月	日	摘要	直接材料										直接人工										制造费用										合计									
			千	百	十	万	千	百	十	元	角	分	千	百	十	万	千	百	十	元	角	分	千	百	十	万	千	百	十	元	角	分	千	百	十	万	千	百	十	元	角	分
12	1	月初在产品成本																																								
12	31	本月生产费用																																								
12	31	生产费用累计																																								
12	31	约当产量																																								
12	31	分配率																																								
12	31	完工产品成本																																								
12	31	月末在产品成本																																								

表8-20

记 账 凭 证

总号_____

年　　月　　日

分号_____

摘要	总账科目	明细科目	借方金额										贷方金额										记账符号	
			千	百	十	万	千	百	十	元	角	分	千	百	十	万	千	百	十	元	角	分		附
																								凭
																								证
																								张

会计主管：　　　　　记账：　　　　　　　　　　　　　稽核：　　　　　　　　制单：

表8-21

记 账 凭 证

总号_____

年　　月　　日

分号_____

摘要	总账科目	明细科目	借方金额										贷方金额										记账符号	
			千	百	十	万	千	百	十	元	角	分	千	百	十	万	千	百	十	元	角	分		附
																								凭
																								证
																								张

会计主管：　　　　　记账：　　　　　　　　　　　　　稽核：　　　　　　　　制单：

表8-22

记 账 凭 证

总号_____

年　　月　　日

分号_____

摘要	总账科目	明细科目	借方金额										贷方金额										记账符号	
			千	百	十	万	千	百	十	元	角	分	千	百	十	万	千	百	十	元	角	分		附
																								凭
																								证
																								张

会计主管：　　　　记账：　　　　　　　　　　　稽核：　　　　　　　制单：

表8-23

记 账 凭 证

总号_____

年　　月　　日

分号_____

摘要	总账科目	明细科目	借方金额										贷方金额										记账符号	
			千	百	十	万	千	百	十	元	角	分	千	百	十	万	千	百	十	元	角	分		附
																								凭
																								证
																								张

会计主管：　　　　记账：　　　　　　　　　　　稽核：　　　　　　　制单：

实训九 成本计算分批法

一 \ 实训目的

掌握产品成本计算分批法。

二 \ 实训资料

ABC公司设有一个基本生产车间，按生产任务通知单分批组织生产，主要生产甲、乙、丙三种产品，属于小批生产组织类型的企业。原材料采用计划成本计价，差异率为4%；职工福利费按工资总额的14%计提；制造费用按耗用工时比例进行分配；B1110产品完工400件按定额成本转出。202×年11月相关资料如下：

（1）产品投产明细表（表9-1）。

（2）生产费用汇总表（表9-2）。

（3）生产工时明细表（表9-3）。

（4）乙产品定额单位成本表（表9-4）。

三 \ 实训要求

（1）编制材料费用分配表（表9-5），登记各种产品成本明细账和制造费用明细。

（2）编制职工薪酬费用分配表（表9-6），登记各种产品成本明细账和制造费用明细。

（3）根据制造费用明细账（表9-7）编制制造费用分配表（表9-8），登记制造费用明细账和三种产品成本明细账（表9-9~表9-11）。

（4）根据产品成本明细账编制结转完工产品成本的记账凭证（表9-12~表9-14）。

表9-1

产品投产明细表
202×年11月

产品	产品批号	投产日期	投产	完工程度
甲产品	A1101产品	202×年11月1日	1000件	1000件
乙产品	B1110产品	202×年11月10日	1500件	400件
丙产品	C1115产品	202×年11月15日	2000件	尚未完工

表9-2

生产费用汇总表

202×年11月　　　　　　　　　　　　　　　　　单位：元

产品	直接材料	机物料（材料费）	生产工人工资	管理人员工资	水电费	折旧费	其他费用
甲产品	1250000						
乙产品	1670000	86000	196000	21000	24000	38000	2500
丙产品	2260000						
合　计	5180000	86000	196000	21000	24000	38000	2500

表9-3

生产工时明细表

202×年11月　　　　　　　　　　　　　　　　　单位：元

甲产品	乙产品	丙产品	合计
18000	20000	11000	49000

表9-4

乙产品定额单位成本表

202×年11月　　　　　　　　　　　　　　　　　单位：元

直接材料	直接人工	制造费用	合计
11000	750	600	12350

表9-5

材料费用分配表

202×年11月　　　　　　　　　　　　　　　　　单位：元

类别		成本或费用项目	计划成本	材料差异额	材料实际成本
基本生产成本	A1101产品	直接材料			
	B1110产品	直接材料			
	C1115产品	直接材料			
小　计					
制造费用	机物料消耗	材料费			
合　计					

表9-6

职工薪酬费用分配表

202×年11月

单位：元

类别		工资				职工福利费（14%）	合计
		生产工人			管理人员		
		工时	工时分配率	分配金额			
基本生产成本	A1101产品						
	B1110产品						
	C1115产品						
	小　计						
制造费用							
合计							

表9-7

制造费用明细账

车间：基本生产车间

202×年		摘要	费用项目																																																														合计									
月	日		直接材料									直接人工									福利费									水电费									折旧费									其他									百	十	万	千	百	十	元	角	分
			百	十	万	千	百	十	元	角	分	百	十	万	千	百	十	元	角	分	百	十	万	千	百	十	元	角	分	百	十	万	千	百	十	元	角	分	百	十	万	千	百	十	元	角	分	百	十	万	千	百	十	元	角	分									
11	30	消耗材料																																																																
11	30	结转成本差异																																																																
11	30	结算工资																																																																
11	30	计提福利费																																																																
11	30	支付水电费																																																																
11	30	计提折旧																																																																
11	30	其他费用																																																																
11	30	本月合计																																																																
11	30	分配转出																																																																

单位：元

表9-8

制造费用分配表

202×年11月

单位：元

应借账户		成本项目	实用工时	分配率	应分配金额
生产成本	A1101产品	制造费用			
	B1110产品	制造费用			
	C1115产品	制造费用			
合　计					

表9-9

产品成本明细账

批号：5211344

单位：元

产品名称：甲产品　　批量：1000件　　完工：1000件

日期		摘要	直接材料									直接人工									制造费用									合计									
月	日		千	百	十	万	千	百	十	元	角	分	千	百	十	万	千	百	十	元	角	分	千	百	十	万	千	百	十	元	角	分	千	百	十	万	千	百	十	元	角	分
11	30	材料分配表																																								
11	30	工资福利分配表																																								
11	30	制造费用分配表																																								
11	30	合计																																								
11	30	结转完工产品成本																																								
11	30	单位成本																																								

表9-10

产品成本明细账

产品名称：乙产品　　批号：5258644

批量：1500件

完工：400件

单位：元

日期		摘要	直接材料										直接人工										制造费用										合计									
月	日		千	百	十	万	千	百	十	元	角	分	千	百	十	万	千	百	十	元	角	分	千	百	十	万	千	百	十	元	角	分	千	百	十	万	千	百	十	元	角	分
11	30	材料分配表																																									
11	30	工资福利分配表																																									
11	30	制造费用分配表																																									
11	30	合计																																									
11	30	结转完工产品成本																																									
11	30	单位成本																																									

表9-11

产品成本明细账

产品名称：丙产品　　批号：5289444

批量：2000件

完工：

单位：元

日期		摘要	直接材料										直接人工										制造费用										合计									
月	日		千	百	十	万	千	百	十	元	角	分	千	百	十	万	千	百	十	元	角	分	千	百	十	万	千	百	十	元	角	分	千	百	十	万	千	百	十	元	角	分
11	30	材料分配表																																									
11	30	工资福利分配表																																									
11	30	制造费用分配表																																									
11	30	合计																																									

表9-12

记 账 凭 证

总号＿＿＿＿＿

年　　月　　日

分号＿＿＿＿＿

摘要	总账科目	明细科目	借方金额										贷方金额										记账符号	
			千	百	十	万	千	百	十	元	角	分	千	百	十	万	千	百	十	元	角	分		附
																								凭
																								证
																								张

会计主管：　　　　记账：　　　　　　　　　　　　　　稽核：　　　　　　制单：

表9-13

记 账 凭 证

总号＿＿＿＿＿

年　　月　　日

分号＿＿＿＿＿

摘要	总账科目	明细科目	借方金额										贷方金额										记账符号	
			千	百	十	万	千	百	十	元	角	分	千	百	十	万	千	百	十	元	角	分		附
																								凭
																								证
																								张

会计主管：　　　　记账：　　　　　　　　　　　　　　稽核：　　　　　　制单：

表9-14

记 账 凭 证

总号_____

年　月　日

分号_____

摘要	总账科目	明细科目	借方金额											贷方金额											记账符号	
			千	百	十	万	千	百	十	元	角	分	千	百	十	万	千	百	十	元	角	分			附
																									凭
																									证
																									张

会计主管：　　　　记账：　　　　　　　　　　　　稽核：　　　　　　制单：

实训十　成本计算逐步结转分步法

一　实训目的

掌握产品成本计算逐步综合结转分步法。

二　实训资料

ABC企业大量大批生产甲产品，分三个步骤，分别由三个基本生产车间进行生产。第一车间生产A半成品，转入第二车间加工成B半成品，第三车间将B半成品加工成甲产品。A半成品通过半成品仓库收发，发出的半成品按加权平均法计价；B半成品直接转入第三车间加工。原材料在生产开始时一次投入，各车间在产品成本按定额成本计算。202×年11月相关资料如下：

（1）各车间产量资料表（表10-1）。

（2）单位在产品定额成本表（表10-2）。

（3）本月生产费用汇总表（表10-3）。

三　实训要求

（1）根据各车间产量资料表、单位在产品定额成本表本月生产费用汇总表、计算第一车间半成品成本和在产品成本（表10-4），并编制半成品入库的记账凭证。

（2）登记自制半成品明细账（表10-5），并编制第二车间领用A半成品的记账凭证。

（3）根据各车间产量资料表、单位在产品定额成本表本月生产费用汇总表、计算第二车间半成品成本和在产品成本（表10-6），并编制半成品入库的记账凭证。

（4）根据各车间产量资料表，单位在产品定额成本表，本月生产费用汇总表计算第三车间完工产品成本和在产品成本（表10-7）。

（5）编制完成产品成本还原计算表（表10-8），并编制结转完工产品的记账凭证。

（6）记账凭证见表10-9~表10-13。

表10-1

各车间产量资料表

202×年11月

单位：件

项目	第一车间	第二车间	第三车间
月初在产品数量	120	72	192
本月投产数量或上步转入	720	600	480
本月完工产品数量	576	480	600
月末在产品数量	264	192	72

表10-2

单位在产品定额成本表

202×年11月

单位：元

项目	直接材料	半成品	直接人工	制造费用	合计
第一车间	90	—	11	19	120
第二车间	—	148	23.5	25	196.5
第三车间	—	240	55	45	340

表10-3

本月生产费用汇总表

202×年11月

单位：元

项目	直接材料	半成品	直接人工	制造费用	合计
第一车间	67200	—	13920	23544	104664
第二车间	—	—	26040	25488	51528
第三车间	—	—	51600	46680	98280

表10-4

产品名称：A半成品

第一车间成本明细账
202×年11月30日

单位：元

日期		摘要	直接材料									直接人工									制造费用									合计								
月	日		千	百	十	万	千	百	十	元	角	分	千	百	十	万	千	百	十	元	角	分	千	百	十	万	千	百	十	元	角	分	千	百	十	万	千	百	十	元	角	分
11	1	月初在产品成本																																								
11	30	本月生产费用																																								
		合计																																								
		完工半成品成本																																								
		月末在产品成本																																								

表10-5

自制半成品明细账

202×年

车间：第一车间
产品名称：A半成品

数量单位：千克
金额单位：元

月份	月初结存												本月增加												累计											单位成本	本月减少									
	数量	实际成本											数量	实际成本											数量	实际成本												数量	实际成本								
		千	百	十	万	千	百	十	元	角	分			千	百	十	万	千	百	十	元	角	分			千	百	十	万	千	百	十	元	角	分			千	百	十	万	千	百	十	元	角	分

表10-6

产品名称：B半成品

第二车间成本明细账

202×年11月30日

单位：元

日期		摘要	直接材料										直接人工										制造费用										合计									
月	日		千	百	十	万	千	百	十	元	角	分	千	百	十	万	千	百	十	元	角	分	千	百	十	万	千	百	十	元	角	分	千	百	十	万	千	百	十	元	角	分
11	1	月初在产品成本																																									
11	30	本月生产费用																																									
		合计																																									
		完工半成品成本																																									
		月末在产品成本																																									

表10-7

产品名称：B半成品

第三车间成本明细账

202×年11月30日

单位：元

日期		摘要	直接材料										直接人工										制造费用										合计									
月	日		千	百	十	万	千	百	十	元	角	分	千	百	十	万	千	百	十	元	角	分	千	百	十	万	千	百	十	元	角	分	千	百	十	万	千	百	十	元	角	分
11	1	月初在产品成本																																									
11	30	本月生产费用																																									
		合计																																									
		完工半成品成本																																									
		月末在产品成本																																									

表10-8

产品名称：甲产品

产品成本还原计算表（还原分配率法）

202×年11月30日

单位：元

项目	还原分配率（％）	第二车间B半成品	第二车间A半成品	直接材料	直接人工	制造费用	合计
还原前产成品成本							
第二车间B半成品成本							
第二车间半成品成本还原							
第一车间A半成品成本							
第一车间半成品成本还原							
还原后产成品总成本							
单位成本							

表10-9

记 账 凭 证

总号_____

年　　月　　日

分号_____

摘要	总账科目	明细科目	借方金额										贷方金额										记账符号
			千	百	十	万	千	百	十	元	角	分	千	百	十	万	千	百	十	元	角	分	

附凭证　　张

会计主管：　　　　记账：　　　　　　　　　　　稽核：　　　　　　制单：

表10-10

记 账 凭 证

总号_____

年　　月　　日

分号_____

摘要	总账科目	明细科目	借方金额										贷方金额										记账符号
			千	百	十	万	千	百	十	元	角	分	千	百	十	万	千	百	十	元	角	分	

附凭证　　张

会计主管：　　　　记账：　　　　　　　　　　　稽核：　　　　　　制单：

表10-11

记 账 凭 证

总号_____

年　　月　　日

分号_____

摘要	总账科目	明细科目	借方金额										贷方金额										记账符号	
			千	百	十	万	千	百	十	元	角	分	千	百	十	万	千	百	十	元	角	分		附凭证
																								张

会计主管：　　　　　记账：　　　　　　　　　　　　稽核：　　　　　　　　制单：

表10-12

记 账 凭 证

总号_____

年　　月　　日

分号_____

摘要	总账科目	明细科目	借方金额										贷方金额										记账符号	
			千	百	十	万	千	百	十	元	角	分	千	百	十	万	千	百	十	元	角	分		附凭证
																								张

会计主管：　　　　　记账：　　　　　　　　　　　　稽核：　　　　　　　　制单：

表10-13

记 账 凭 证

总号_____

年　　月　　日

分号_____

摘要	总账科目	明细科目	借方金额										贷方金额										记账符号	
			千	百	十	万	千	百	十	元	角	分	千	百	十	万	千	百	十	元	角	分		附凭证
																								张

会计主管:　　　　记账:　　　　　　　　　　　　　　稽核:　　　　　　制单:

实训十一　成本计算平行结转分步法

一　实训目的

掌握产品成本计算平行结转分步法。

二　实训资料

ABC公司大量大批生产甲产品，分三个步骤分别由三个基本生产车间进行生产。第一车间生产A半成品，直接转入第二车间加工成B半成品，第三车间将B半成品加工成甲产品，每件甲产品耗用各步骤半成品均为1件。原材料在生产开始时一次投入，采用约当产量比例法分配各车间完工产品成本与月末在产品成本，各车间月末在产品完工率均为60%。202×年12月有关资料如下：

（1）各车间产量资料表（表11-1）。

（2）月初在产品成本汇总表（表11-2）。

（3）本月生产费用汇总表（表11-3）。

三　实训要求

（1）根据各车间产量资料表、月初在产品成本汇总表及本月生产费用汇总表，编制各车间产品成本明细账（表11-4~表11-6）。

（2）根据各车间产品成本明细账编制产品成本汇总计算表（表11-7）。

（3）根据产品成本汇总计算表编制结转完工产品成本的记账凭证（表11-8、表11-9）。

表11-1

各车间产量资料表

202×年12月　　　　　　　　　　　　　　　　　　单位：件

项目	第一车间	第二车间	第三车间
月初在产品数量	144	36	72
本月投产数量或上步转入	720	792	720
本月完工产品数量	792	720	756
月末在产品数量	72	108	36

表11-2

月初在产品成本汇总表

202×年12月　　　　　　　　　　　　　　　　　　单位：元

项目	直接材料	直接人工	制造费用	合计
第一车间	2520	576	864	3960
第二车间	—	540	432	972
第三车间	—	360	288	648

表11-3

本月生产费用汇总表

202×年12月　　　　　　　　　　　　　　　　　　单位：元

项目	直接材料	直接人工	制造费用	合计
第一车间	7200	1620	2520	11340
第二车间	—	11520	10080	21600
第三车间	—	6480	5400	11880

表11-4

产品名称：A半成品

第一车间成本明细账

202×年12月31日

单位：元

日期		摘要	直接材料										直接人工										制造费用										合计									
月	日		千	百	十	万	千	百	十	元	角	分	千	百	十	万	千	百	十	元	角	分	千	百	十	万	千	百	十	元	角	分	千	百	十	万	千	百	十	元	角	分
12	1	月初在产品成本																																								
12	31	本月生产费用																																								
		合计																																								
		应计入产成品成本的份额																																								
		月末在产品成本																																								

表11-5

产品名称：B半成品

第二车间成本明细账

202×年12月31日

单位：元

日期		摘要	直接材料										直接人工										制造费用										合计									
月	日		千	百	十	万	千	百	十	元	角	分	千	百	十	万	千	百	十	元	角	分	千	百	十	万	千	百	十	元	角	分	千	百	十	万	千	百	十	元	角	分
12	1	月初在产品成本																																								
12	31	本月生产费用																																								
		合计																																								
		应计入产成品成本的份额																																								
		月末在产品成本																																								

表11-6

产品名称：甲产品

第三车间成本明细账

202×年12月31日

单位：元

日期		摘要	直接材料										直接人工										制造费用										合计									
月	日		千	百	十	万	千	百	十	元	角	分	千	百	十	万	千	百	十	元	角	分	千	百	十	万	千	百	十	元	角	分	千	百	十	万	千	百	十	元	角	分
12	1	月初在产品成本																																									
12	31	本月生产费用																																									
		合计																																									
		应计入产成品成本的份额																																									
		月末在产品成本																																									

表11-7

产品名称：甲产品

产品成本汇总计算表

202×年12月31日

产量： 件

单位：元

项目	直接材料										直接人工										制造费用										合计									
	千	百	十	万	千	百	十	元	角	分	千	百	十	万	千	百	十	元	角	分	千	百	十	万	千	百	十	元	角	分	千	百	十	万	千	百	十	元	角	分
第一车间																																								
第二车间																																								
第三车间																																								
总成本																																								
单位成本																																								

表11-8

记 账 凭 证

总号_____
分号_____

年　　月　　日

摘要	总账科目	明细科目	借方金额										贷方金额										记账符号	
			千	百	十	万	千	百	十	元	角	分	千	百	十	万	千	百	十	元	角	分		附
																								凭
																								证
																								张

会计主管：　　　　　记账：　　　　　　　　　　　稽核：　　　　　　　制单：

表11-9

记 账 凭 证

总号_____
分号_____

年　　月　　日

摘要	总账科目	明细科目	借方金额										贷方金额										记账符号	
			千	百	十	万	千	百	十	元	角	分	千	百	十	万	千	百	十	元	角	分		附
																								凭
																								证
																								张

会计主管：　　　　　记账：　　　　　　　　　　　稽核：　　　　　　　制单：

实训十二 成本计算分类法

一 实训目的

掌握产品成本计算分类法。

二 实训资料

ABC公司生产的产品品种、规格繁多,采用分类法计算产品成本。产品分为甲、乙两类,分别在第一车间和第二车间进行,甲类包括A、B、C三种产品,乙类包括D产品,在生产过程中还生产出可以加工为副产品E的原料。该企业还设置一个机修车间,为基本生产和管理部门提供修理服务。甲类产品在类内各产品之间的分配,直接材料按材料定额成本分配,其他成本项目按各产品的产量平均分配。两类产品在产品成本均按计划成本计算。E产品的成本按计划成本计算。202×年12月有关资料如下:

(1)月初在产品成本表(表12-1)。

(2)在产品定额成本表(表12-2)。

(3)E产品定额计划成本表(表12-3)。

(4)材料费用分配汇总表(表12-4)。

(5)职工薪酬费用分配汇总表(表12-5)。

(6)固定资产折旧费用分配表(表12-6)。

(7)其他费用汇总表(表12-7)。

(8)机修车间提供劳务情况表(表12-8)。

(9)各类产品产量表(表12-9)。

(10)甲类产品在产品定额成本计算表(表12-10)。

(11)机修车间费用分配表(表12-11)。

三 实训要求

(1)根据材料费用分配汇总表,登记甲类产品成本明细账(表12-12),编制记账凭证(表12-13)。

(2)根据职工薪酬费用分配汇总表,登记甲类产品成本明细账,编制记账凭证(表12-14)。

(3)根据固定资产折旧费用分配表登记甲类产品成本明细账,编制记账凭证(表12-15)。

(4)根据其他费用汇总表登记甲类产品成本明细账,编制记账凭证(表12-16)。

(5)根据机修车间本月发生费用、机修车间提供劳务情况表,编制机修车间费用分配表,登记甲类产品成本明细账,编制记账凭证(表12-17)。

（6）根据在产品定额成本表、各类产品产量表，编制甲类产品在产品定额成本计算表，登记甲类产品成本明细账。

（7）根据甲类产品成本明细账、甲类产品材料定额成本表（表12-18）编制甲类产品成本分配表（表12-19）。

（8）根据E产品单位计划成本表（表12-20）计算E产品计划成本，登记乙类产品成本明细账（表12-21）。

（9）根据在产品定额成本表、各类产品产量表编制乙类产品在产品定额成本计算表，登记乙类产品成本明细账。

表12-1

月初在产品成本表

202×年12月

单位：元

产品类别	直接材料	直接人工	制造费用	合计
甲类	18480	13410	11970	43860
乙类	7840	5920	5440	19200

表12-2

在产品定额成本表

202×年12月

单位：元

产品名称		直接材料	直接人工	制造费用	合计
甲类	A产品	1500	960	840	3300
	B产品	1140	900	810	2850
	C产品	1260	1050	960	3270
乙类	D产品	1960	1480	1360	4800
	E产品	0	0	0	0

表12-3

E产品定额计划成本表

202×年12月

单位：元

产品名称	直接材料	直接人工	制造费用	合计
E产品	200	480	440	1120

表12-4

材料费用分配汇总表

202×年12月

单位：元

借方账户		金额
生产成本	甲类产品	135000
	乙类产品	120000
	机修车间	12400
制造费用	第一车间	29400
	第二车间	22000
管理费用		12000
合计		330800

表12-5

职工薪酬费用分配汇总表

202×年12月

单位：元

借方账户		金额
生产成本	甲类产品	280440
	乙类产品	163430.4
	机修车间	17784
制造费用	第一车间	22914
	第二车间	13224
管理费用		20064
合计		517856.4

表12-6

固定资产折旧费用分配表

202×年12月

单位：元

借方账户		11月折旧额	11月增加折旧额	11月减少折旧额	12月折旧额
制造费用	甲类产品	21600	1800	1200	22200
	乙类产品	13600	2430	400	15630
生产成本	机修车间	11840	620	360	12100
管理费用		10200			10200
合计		57240	4850	1960	60130

表12-7

其他费用汇总表

202×年12月

单位：元

借方账户		金额
制造费用	甲类产品	37821
	乙类产品	23980
生产成本	机修车间	13156
管理费用		25880
合计		100837

表12-8

机修车间提供劳务情况表

202×年12月

单位：小时

项目	第一车间	第二车间	管理部门	合计
机修工时	820	730	298	1848

表12-9

各类产品产量表

计量单位：吨

产品名称		期初在产品	本月投产	本月完工	期末在产品
甲类产品	A产品	6	40	41	5
	B产品	5	30	29	6
	C产品	3	20	18	5
乙类产品	D产品	4	50	48	6
	E产品	0	10	10	0

表12-10

甲类产品在产品定额成本计算表

202×年12月

单位：元

	直接材料	直接人工	制造费用	合计
A产品				
B产品				
C产品				
甲类产品				

表12-11

机修车间费用分配表

202×年12月

借方账户		生产工时（小时）	分配率	分配金额（元）
生产成本	甲类产品			
	乙类产品			
管理费用				
合计				

表12-12

产品成本明细账

产品名称：甲类产品

202×年12月

单位：元

| 日期 | | 摘要 | 直接材料 | | | | | | | | | | 直接人工 | | | | | | | | | | 制造费用 | | | | | | | | | | 合计 | | | | | | | | | |
月	日		千	百	十	万	千	百	十	元	角	分	千	百	十	万	千	百	十	元	角	分	千	百	十	万	千	百	十	元	角	分	千	百	十	万	千	百	十	元	角	分
12	1	月初在产品成本																																									
12	31	材料费用分配表																																									
12	31	职工薪酬费用分配表																																									
12	31	折旧费用分配表																																									
12	31	其他费用分配表																																									
12	31	机修车间费用分配表																																									
12	31	生产费用合计																																									
12	31	完工产品合计																																									
12	31	单位成本																																									
12	31	月末在产品成本																																									

表12-13

记 账 凭 证

总号_____

年　　月　　日

分号_____

摘要	总账科目	明细科目	借方金额										贷方金额										记账符号	
			千	百	十	万	千	百	十	元	角	分	千	百	十	万	千	百	十	元	角	分		附
																								凭
																								证
																								张

会计主管：　　　　　记账：　　　　　　　　　　　　稽核：　　　　　制单：

表12-14

记 账 凭 证

总号_____

年　　月　　日

分号_____

摘要	总账科目	明细科目	借方金额										贷方金额										记账符号	
			千	百	十	万	千	百	十	元	角	分	千	百	十	万	千	百	十	元	角	分		附
																								凭
																								证
																								张

会计主管：　　　　　记账：　　　　　　　　　　　　稽核：　　　　　制单：

表12-15

记 账 凭 证

总号_____

年　　月　　日

分号_____

摘要	总账科目	明细科目	借方金额										贷方金额										记账符号
			千	百	十	万	千	百	十	元	角	分	千	百	十	万	千	百	十	元	角	分	

附凭证　　张

会计主管：　　　　记账：　　　　　　　　　　　　稽核：　　　　　　制单：

表12-16

记 账 凭 证

总号_____

年　　月　　日

分号_____

摘要	总账科目	明细科目	借方金额										贷方金额										记账符号
			千	百	十	万	千	百	十	元	角	分	千	百	十	万	千	百	十	元	角	分	

附凭证　　张

会计主管：　　　　记账：　　　　　　　　　　　　稽核：　　　　　　制单：

表12-17

记 账 凭 证

年　　月　　日

摘要	总账科目	明细科目	借方金额										贷方金额										记账符号
			千	百	十	万	千	百	十	元	角	分	千	百	十	万	千	百	十	元	角	分	

附凭证　　张

会计主管：　　　　记账：　　　　　　　　　　　　稽核：　　　　　　　制单：

表12-18

甲类产品材料定额成本表

202×年12月

单位：元

产品名称	材料名称	单位产品材料消耗定额	计划单价	材料定额成本	材料定额成本系数
A产品	1	20	30	600	
	2	15	60	900	
	小计			1500	1
B产品	1	18	30	540	
	2	10	60	600	
	小计			1140	0.76
C产品	1	15	30	450	
	2	13.5	60	810	
	小计			1260	0.84

表12-19

甲类产品成本分配表

202×年12月

单位：元

项目	产量	直接材料费用系数	直接材料费用总系数	直接材料	直接人工	制造费用	成本合计
分配率							
A产品							
B产品							
C产品							
合计							

表12-20

E产品计划成本计算表

202×年12月

单位：元

	直接材料	直接人工	制造费用	合计
单位计划成本	200	480	440	1120
产品产量	10			
计划成本总额				

表12-21

产品名称：乙类产品

产品成本明细账

202×年12月

单位：元

| 日期 | | 摘要 | 直接材料 | | | | | | | | 直接人工 | | | | | | | | 制造费用 | | | | | | | | 合计 | | | | | | | |
月	日		千	百	十	万	千	百	十	元	角	分	千	百	十	万	千	百	十	元	角	分	千	百	十	万	千	百	十	元	角	分	千	百	十	万	千	百	十	元	角	分
12	1	月初在产品成本																																									
12	31	材料费用分配表																																									
12	31	职工薪酬费用分配表																																									
12	31	折旧费用分配表																																									
12	31	其他费用分配表																																									
12	31	机修车间费用分配表																																									
12	31	生产费用合计																																									
12	31	已产品计划成本																																									
12	31	完工产品合计																																									
12	31	单位成本																																									
12	31	月末在产品成本																																									

实训十三 作业成本法

一 实训目的

掌握作业成本法。

二 实训资料

ABC公司设有一个生产车间生产甲、乙、丙三种电子产品，主要工序包括零部件排序准备、自动插件、手工插件、压焊、技术冲洗及烘干、质量检测和包装，原材料和零部件均外购。此前公司一直采用传统成本计算法计算产品成本，为了提高产品成本的准确性，为企业战略管理提供信息支持，拟采用作业成本法。202X年12月相关资料如下：

（1）产品基本信息表（表13-1）。

（2）产品成本定价表（表13-2）。

（3）生产费用表（表13-3）。

（4）各作业成本库费用表（表13-4）。

（5）成本动因及作业量表（表13-5）。

三 实训要求

（1）采用传统成本计算法计算产品成本，完成制造费用分配表（表13-6）与单位产品成本表（表13-7）。

（2）根据划分的作业成本库和认定的成本动因计算单位作业成本（表13-8）。

（3）将作业成本库的制造费用按单位作业成本分摊到各产品（表13-9）。

（4）计算作业成本法下的单位产品成本（表13-10）。

（5）比较传统成本法与作业成本法的计算结果（表13-11）。

表13-1

产品基本信息表

202×年12月　　　　　　　　　　　　　　　　　　　　单位：件

产品名称	工艺过程	年销售量
甲产品	简单	10000
乙产品	相对复杂	20000
丙产品	复杂	4000

表13-2

产品成本定价表

202×年12月　　　　　　　　　　　　　　　　　　　　单位：元

	产品甲	产品乙	产品丙
产品成本	207	302	126
目标售价（产品成本×125%）	258.75	377.5	157.5
实际售价	258.75	328	250

表13-3

生产费用表

202×年12月　　　　　　　　　　　　　　　　　　　　单位：元

	产品甲	产品乙	产品丙	合计
产量（件）	10000	20000	4000	34000
直接材料（元）	500000	1800000	80000	2380000
直接人工（元）	580000	1600000	160000	2340000
制造费用（元）	1145294.13	2290588.22	458117.65	3894000
直接人工（小时）	30000	80000	8000	118000

表13-4

各作业成本库费用表

202×年12月

制造费用	金额（元）
装配	1212600
材料采购	200000
物料处理	600000
起动准备	3000
质量控制	421000
产品包装	250000
工程处理	700000
管理	507400
合计	3894000

表13-5

成本动因及作业量表

202×年12月

制造费用	成本动因	作业量			
		产品甲	产品乙	产品丙	合计
装配	机器小时（小时）	10000	25000	8000	43000
材料采购	订单数量（张）	1200	4800	14000	20000
物料处理	材料移动（次数）	700	3000	6300	10000
起动准备	准备次数（次数）	1000	4000	10000	15000
质量控制	检验小时（小时）	4000	8000	8000	20000
产品包装	包装次数（次）	400	3000	6600	10000
工程处理	工程处理时间（小时）	10000	18000	12000	40000
管理	直接人工（小时）	30000	80000	8000	118000

表13-6

制造费用分配表

202×年12月

	产品甲	产品乙	产品丙	合计
年直接人工工时（小时）				
分配率				
制造费用（元）				

表13-7

单位产品成本表

202×年12月

	产品甲	产品乙	产品丙
直接材料（元）			
直接人工（元）			
制造费用（元）			
合计（元）			
产量（件）			
单位产品成本（元）			

表13-8

单位作业成本

202×年12月

制造费用	成本动因	年制造费用	年作业量	单位作业成本
装配	机器小时（小时）			
材料采购	订单数量（张）			
物料处理	材料移动（次数）			
起动准备	准备次数（次数）			
质量控制	检验小时（小时）			
产品包装	包装次数（次）			
工程处理	工程处理时间（小时）			
管理	直接人工（小时）			

表13-9

产品成本费用表

202×年12月

	单位作业成本	产品甲		产品乙		产品丙	
		作业量（件）	作业成本（元）	作业量（件）	作业成本（元）	作业量（件）	作业成本（元）
装配							
材料采购							
物料处理							
起动准备							
质量控制							
产品包装							
工程处理							
管理							
合计							

表 13-10

作业成本法单位产品成本

202×年 12 月
单位: 元

	产品甲	产品乙	产品丙
直接材料			
直接人工			
装配			
材料采购			
物料处理			
起动准备			
质量控制			
产品包装			
工程处理			
管理			
合计（元）			
产量（件）			
单位产品成本（元）			

表 13-11

传统成本法与作业成本法的比较

202×年 12 月
单位: 元

	产品甲	产品乙	产品丙
产品成本（传统成本计算法）			
产品成本（作业成本计算法）			
目标售价（传统成本计算法下产品成本×125%）			
目标售价（作业成本计算法下产品成本×125%）			
实际售价			

实训十四　标准成本法

一　实训目的

掌握标准成本法。

二　实训资料

ABC公司主要生产A产品，A产品需要经过第一车间、第二车间和第三车间加工方可完工。为加强成本管理，公司拟实施标准成本法。存货收发计价采用加权平均法，存货管理采用永续盘存制度；公司对A产品加工过程无须办理在产品出入库手续；生产过程中原材料一次性投入；采用平行结转法计算A产品成本，未完工的产品成本计算采用约当产量法；202X年11月投产2500件，完工入库产品2400件。其他相关资料如下：

（1）车间生产耗用表（表14-1）。

（2）材料标准成本（表14-2）。

（3）A产品标准成本明细表（表14-3）。

（4）月初原材料明细表（表14-4）。

（5）月初A在产品明细表（表14-5）。

（6）10月产品成本计算单（表14-6）。

（7）材料入库单（表14-7）。

（8）车间生产情况表（表14-8）。

三　实训要求

（1）编制三个车间的产品成本计算单（表14-9~表14-11）。

（2）根据车间产品成本计算单编制产品成本明细表（表14-12）。

（3）根据车间产品计算单编制在产品成本明细表（表14-13）。

（4）根据产品成本明细表编制结转完工产品成本的记账凭证（表14-14~表14-18）。

表14-1

车间生产耗用表

202×年11月

	第一生产车间	第二生产车间	第三生产车间
完工程度（%）	40	30	30
耗时（小时）	4	3	3
所需材料	甲材料	乙材料	无

表14-2

材料标准成本

（生产每单位A产品所耗原材料）

项目	甲材料	乙材料
单价（元/千克）	10	20
数量（千克）	4	3

表14-3

A产品标准成本明细表

202×年11月

车间	直接材料		直接人工		制造费用		合计（元）
	单价（元/千克）	数量（千克）	单位成本（元/小时）	耗时（小时）	单位成本（元/小时）	耗时（小时）	
第一生产车间	10	4	10	4	5	4	100
第二生产车间	20	3	10	3	10	3	120
第三生产车间	—	—	10	3	10	3	60
合计	100		100		80		280

表14-4

月初原材料明细表

202×年11月1日

材料名称	数量（千克）	标准成本（元）	价格差异（元）
甲	1000	10000	200
乙	1500	30000	-400

表14-5

月初A在产品明细表

202×年11月1日

车间	数量（件）	完工比例（%）
第一生产车间	100	50
第二生产车间	80	60
第三生产车间	100	30
合计	280	—

表14-6

10月产品成本计算单

202×年10月

单位：元

车间	直接材料 标准成本	价格差异	数量差异	直接人工 标准成本	价格差异	数量差异	制造费用 标准成本	价格差异	数量差异	合计 标准成本	价格差异	数量差异
第一车间	11200	800	500	9200	-400	300	4500	-300	-200	24900	100	600
第二车间	10800	-800	300	4440	300	-100	4440	400	50	19680	-100	250
第三车间	—	—	—	900	200	-100	900	-300	200	1800	-100	100

表14-7

材料入库单

202×年11月

项目	甲材料	乙材料
数量（千克）	10000	7000
金额（元）	98700	144650

表14-8

车间生产情况表

202×年11月

车间	耗用材料（千克）	耗用时长（小时）	直接人工（元）	制造费用（元）	在产品数量（件）	完工比例
第一车间	8700	10000	99000	51000	200	60%
第二车间	6700	7500	75000	78000	60	80%
第三车间	—	7500	78000	76500	120	70%

表14-9

第一车间产品成本计算单

202×年11月

单位：元

摘要	产品数量	直接材料			直接人工			制造费用			合计		
		标准成本	价格差异	数量差异	标准成本	价格差异	数量差异	标准成本	价格差异	数量差异	标准成本	价格差异	数量差异
在产品													
本月生产费用													
合计													
分配率													
产成品本步骤份额	2400												
月末在产品													

表14-10

第二车间产品成本计算单

202×年11月

单位：元

摘要	产品数量	直接材料			直接人工			制造费用			合计		
		标准成本	价格差异	数量差异	标准成本	价格差异	数量差异	标准成本	价格差异	数量差异	标准成本	价格差异	数量差异
在产品													
本月生产费用													
合计													
分配率													
产成品本步骤份额	2400												
月末在产品													

表14-11

第三车间产品成本计算单

202×年11月

单位：元

摘要	产品数量	直接材料			直接人工			制造费用			合计		
		标准成本	价格差异	数量差异	标准成本	价格差异	数量差异	标准成本	价格差异	数量差异	标准成本	价格差异	数量差异
在产品													
本月生产费用													
合计													
分配率													
产成品本步骤份额	2400												
月末在产品													

表14-12

产品成本明细表

202×年11月

单位：元

车间	产品数量	直接材料			直接人工			制造费用			合计		
		标准成本	价格差异	数量差异	标准成本	价格差异	数量差异	标准成本	价格差异	数量差异	标准成本	价格差异	数量差异
第一车间													
第二车间	2400												
第三车间													
合计													
单位产品													

表14-13

在产品成本明细表

202×年11月

单位：元

车间	产品数量	直接材料			直接人工			制造费用			合计		
		标准成本	价格差异	数量差异	标准成本	价格差异	数量差异	标准成本	价格差异	数量差异	标准成本	价格差异	数量差异
第一车间													
第二车间													
第三车间													

表14-14

记 账 凭 证

总号_____

年　　月　　日

分号_____

摘要	总账科目	明细科目	借方金额										贷方金额										记账符号	
			千	百	十	万	千	百	十	元	角	分	千	百	十	万	千	百	十	元	角	分		附
																								凭
																								证
																								张

会计主管:　　　　　记账:　　　　　　　　　　　　　　　稽核:　　　　　　　制单:

表14-15

记 账 凭 证

总号_____

年　　月　　日

分号_____

摘要	总账科目	明细科目	借方金额										贷方金额										记账符号	
			千	百	十	万	千	百	十	元	角	分	千	百	十	万	千	百	十	元	角	分		附
																								凭
																								证
																								张

会计主管:　　　　　记账:　　　　　　　　　　　　　　　稽核:　　　　　　　制单:

表14-16

记 账 凭 证

年　　月　　日

摘要	总账科目	明细科目	借方金额										贷方金额										记账符号
			千	百	十	万	千	百	十	元	角	分	千	百	十	万	千	百	十	元	角	分	

附凭证　　张

会计主管：　　　　记账：　　　　　　　　　　　稽核：　　　　　　制单：

表14-17

记 账 凭 证

年　　月　　日

摘要	总账科目	明细科目	借方金额										贷方金额										记账符号
			千	百	十	万	千	百	十	元	角	分	千	百	十	万	千	百	十	元	角	分	

附凭证　　张

会计主管：　　　　记账：　　　　　　　　　　　稽核：　　　　　　制单：

表14-18

记 账 凭 证

总号＿＿＿＿

年　　月　　日

分号＿＿＿＿

摘要	总账科目	明细科目	借方金额										贷方金额										记账符号	
			千	百	十	万	千	百	十	元	角	分	千	百	十	万	千	百	十	元	角	分		附
																								凭
																								证
																								张

会计主管：　　　　记账：　　　　　　　　　　　　稽核：　　　　　　制单：

实训十五　成本报表的编制与分析

一　实训目的

掌握成本报表的编制与分析。

二　实训资料

ABC公司主要生产甲、乙、丙三种产品，202X年12月相关资料如下：

（1）生产费用汇总表（表15-1）。

（2）月初月末在产品成本表（表15-2）。

（3）产品产量汇总表（表15-3）。

（4）产品成本汇总表（表15-4）。

（5）甲产品单位成本比较表（表15-5）。

三　实训要求

（1）根据生产费用汇总表、月初月末在产品成本表，编制完工产品生产成本表（按成本项目反映）（表15-6）。

（2）根据产品产量汇总表、产品成本汇总表，编制完工产品生产成本表（按产品种类反映）（表15-7）。

（3）根据甲产品定位成本比较表、产品生产成本表（按产品种类反映），编制甲产品主要产品单位成本表（甲产品售价为27元）（表15-8）。

（4）根据产品生产成本表（按成本项目反映）编制生产费用构成表（表15-9），并进行比较分析。

（5）根据产品生产成本表（按产品种类反映）编制全部产品成本计划完成情况表（表15-10），并进行比较分析。

表15-1

生产费用汇总表

202×年12月

单位：元

项目		直接材料	直接人工	制造费用	合计
1~11月累计实际		51650	21150	24710	97510
本月生产费用	甲产品	890	410	560	1860
	乙产品	1640	760	950	3350
	丙产品	1960	680	1340	3980

表15-2

月初月末在产品成本表

202×年12月

单位：元

产品名称	月初在产品成本	月末在产品成本
甲产品	1050	800
乙产品	1550	2100
丙产品	2200	5700

表15-3

产品产量汇总表

202×年12月

单位：件

项目	甲产品	乙产品	丙产品
1~11月产量	1040	2770	5100
12月产量	100	280	400

表15-4

产品成本汇总表

202×年12月

单位：元

项目	甲产品	乙产品	丙产品
1~11月产品成本	23540	31055	44644
12月产品成本	2110	2800	3380

表15-5

甲产品单位成本比较表

202×年12月

项目	直接材料（元）	直接人工（元）	制造费用（元）	生产成本（元）	主要材料用量（千克）
历史先进水平	13.88	1.26	4.91	20.05	81
上年实际平均	15.28	1.41	5.41	22.1	82
本年计划	14.56	1.29	5.15	21	81.5

表15-6

产品生产成本表（按成本项目反映）

202×年12月

单位：元

项目	上年实际	本年计划	本月实际	本年累计实际
生产费用：				
直接材料费用	57860	56120		
直接人工费用	23250	24050		
制造费用	29826	26320		
生产费用合计	110936	106490		
加：在产品和自制半成品的期初余额	8760	8520		
减：在产品和自制半成品的期末余额	6529	6632		
产品生产成本合计	113167	108378		

表15-7

产品生产成本表（按产品种类反映）

202×年12月

单位：元

产品名称	实际产量		单位成本				本月总成本			本年累计总成本		
	本月	本年累计	按本年计划单位成本计算	本年计划	本月实际	本年累计实际平均	按上年实际平均单位成本计算	按本年计划单位成本计算	本月实际	按上年实际平均单位成本计算	按本年计划单位成本计算	本年实际
可比产品：												
甲			22.1	21			2210					
乙			12.5	11			3500					
小计												
不可比产品：												
丙			—	8.6			—			—		
合计	—	—	—	—		—	—					

表15-8

主要产品单位成本表

产品名称：A 计量单位：件 本月实际产量：
产品规格：××× 销售单价：27 元 本年累计实际产量：

成本项目	历史先进水平	上年实际平均	本年计划	本月实际	本年累计实际平均
直接材料					
直接人工					
制造费用					
产品单位成本					
主要技术经济指标	耗用量	耗用量	耗用量	耗用量	耗用量
主要材料（千克）					

表15-9

生产费用构成表

202×年12月 单位：元

项目	直接材料	直接人工	制造费用	合计
上年实际构成				
本年计划构成				
本月实际构成				
本年实际构成				

表15-10

全部产品成本计划完成情况表

202×年12月 单位：元

产品名称	计划总成本	实际总成本	成本降低额	成本降低率
甲产品				
乙产品				
丙产品				
合计				